Saskia Rüter

Die Balanced Scorecard als Instrument zur Evaluation des Talentmanagements

Eine Analyse

Rüter, Saskia: Die Balanced Scorecard als Instrument zur Evaluation des Talentmanagements. Eine Analyse, Hamburg, Bachelor + Master Publishing 2016
Originaltitel der Abschlussarbeit: Die Balanced Scorecard als Instrument zur Evaluation des Talentmanagements. Eine Analyse

Buch-ISBN: 978-3-95993-022-2
PDF-eBook-ISBN: 978-3-95993-522-7
Druck/Herstellung: Bachelor + Master Publishing, Hamburg, 2016
Zugl. Heinrich-Heine-Universität Düsseldorf, Düsseldorf, Deutschland, Masterarbeit, 2016

Bibliografische Information der Deutschen Nationalbibliothek:
Die Deutsche Nationalbibliothek verzeichnet diese Publikation in der Deutschen Nationalbibliografie; detaillierte bibliografische Daten sind im Internet über http://dnb.d-nb.de abrufbar.

© Bachelor + Master Publishing, Imprint der Diplomica Verlag GmbH
Hermannstal 119k, 22119 Hamburg
http://www.bachelor-master-publishing.de, Hamburg 2016
Printed in Germany

Inhaltsverzeichnis

Abkürzungsverzeichnis

Balanced Scorecard	BSC
Human Resources	HR

Abbildungsverzeichnis

III

1 Einleitung

Die Globalisierung erhöht nicht nur den weltweiten Wettbewerb zwischen Unternehmen (vgl. Ewerlin 2013, S. 1), sondern auch die Nachfrage nach qualifiziertem Personal (vgl. Scullion/Collings 2011, S. 7-8). Gleichzeitig kommt es durch den demografischen Wandel zu einem Rückgang der Arbeitskräfte. Der Grund darin liegt in der Abnahme der Geburtenraten (vgl. Ewerlin 2013, S. 1-2). Es entsteht ein Mangel an Fach- und Führungskräften, der auch als „war for talents" bezeichnet wird (vgl. Guthridge/Komm/Lawson 2008, S. 49). Zusammen mit dem Anspruch, dass das Human Kapital eine Schlüsselressource für den Unternehmenserfolg darstellt (vgl. Deters 2012, S. 12), implementieren Unternehmen zunehmend ein Talentmanagement (vgl. Bednarczuk/Wendenburg 2008, S. 199).

Ziel des Talentmanagements ist es, die Talente zu identifizieren und für das Unternehmen zu gewinnen, ihre Kompetenzen geplant weiterzuentwickeln und langfristig an das Unternehmen zu binden (vgl. Ritz/Sinelli 2010, S. 15-19; Tarique/Schuler 2010, S. 127-128).

Um Rückschlüsse auf die Qualität sowie den Wertbeitrag des Talentmanagements zum Unternehmenserfolg zu ziehen, ist eine Evaluation des Talentmanagements notwendig (vgl. Deters 2012, S. 188). Im Rahmen des Personalmanagements stellt die Balanced Scorecard (BSC) ein weit verbreitetes Steuerungsinstrument zur Evaluation dar (vgl. Ackermann 2000, S. 18-19). Die BSC dient dazu, die Effizienz des Personalbereichs zu messen (vgl. Douthitt/Mondore 2014, S. 17).

Während die BSC als etabliertes Instrument für den Einsatz im Personalmanagement umfassend untersucht ist und auch in der Praxis Anwendung findet (vgl. Ackermann 2008, S. 52-54), findet sie im Rahmen des Talentmanagements bislang nur wenig Beachtung (vgl. Deters 2012, S. 189). Die Akzeptanz der Personalarbeit, wie auch des Talentmanagements, als Wertschöpfung wird durch die Frage der Messbarkeit behindert (vgl. Krings, 2014, S. 46).

In der Praxis gibt es zur Evaluation des Talentmanagements Scorecard-Ansätze, die jedoch nicht auf Basis der BSC aufbauen und auf einzelne Maßnahmen fokussieren (vgl. Hodges DeTuncq/Schmidt 2013), Instrumente aus dem Personalbereich (vgl. Deters 2012, S. 191-193) oder praktische Ansätze.

Auf dem wissenschaftlichen Gebiet des Managements ist das Talentmanagement eines der am schnellsten wachsenden Bereiche in den letzten Jahren (vgl. Collings/Scullion/Vaiman 2015, S. 233). Obwohl zahlreiche Studien die Relevanz des Themas belegen (vgl. Scullion/Collings 2011, S. 7; Boston Consulting Group 2012, S. 7), besteht in der Forschung keine Einigkeit über die Definitionen und Abgrenzungen sowie finden sich kaum Ansätze der Evaluation des Talentmanagements (vgl. Iles/Chuai/Preece 2010, S. 180; Tarique/Schuler 2010, S. 22-23). Darüber hinaus fehlt der Bezug zur Strategie (vgl. Lewis/Heckman 2006, S. 144).

Die daraus resultierende Forschungslücke ist als besonders relevant zu erachten, da die BSC ein mögliches Instrument darstellt, um das Talentmanagement hinsichtlich der Qualität und des Beitrags zur Unternehmensstrategie zu evaluieren sowie eine ganzheitliche Steuerung des Talentmanagements unter Berücksichtigung der erfolgsrelevanten Perspektiven der BSC ermöglicht (vgl. Ackermann 2000, S. 18).

Vor diesem Hintergrund besteht das Ziel der Arbeit darin, die BSC als Instrument zur Evaluation des Talentmanagements zu analysieren. Die Arbeit beginnt mit der Einleitung und den begrifflichen Grundlagen zum Talentmanagement und der BSC. Im verbindenden dritten Kapitel werden Instrumente zur Evaluation des Talentmanagements aufgezeigt. Im Rahmen der Analyse wird untersucht, inwiefern die BSC als Instrument des Talentmanagements genutzt werden kann. Dabei sollen die vier Perspektiven der BSC hinsichtlich der Aufgaben und Ziele des Talentmanagements untersucht werden. Die darauffolgende Diskussion sowie das Fazit schließen die Arbeit ab.

2   Begriffliche Grundlagen

2.1   Talentmanagement

2.1.1   Definition Talent

Um sich mit dem Talentmanagement befassen zu können, ist es unumgänglich, sich mit der Definition von Talent auseinanderzusetzen (vgl. Schiemann 2014, S. 281-282). Obwohl in einer Studie von Towers Perrin 87% der befragten Unternehmen eine Talentdefinition determiniert hatten, war keine der Definitionen identisch (vgl. Iles/Chuai/Preece 2010, S. 180). Auch in der Literatur spiegelt sich diese Differenzierung wider (vgl. Kahl 2011, S. 4-5; Deters 2012, S. 17-18). Im Duden wird Talent als eine Begabung bezeichnet, die eine Person zu außerordentlichen Leistungen befähigt (Duden 2016). McKinsey beschreibt Talent als die Summe der Fähigkeiten einer Person mit ihren Qualifikationen, ihrem Wissen, ihrer Erfahrung und Intelligenz, die zudem die Fähigkeit zu lernen und wachsen inne hat (vgl. Schiemann 2014, S. 282). Diese Perspektive bezieht sich auf Talent als Attribut von Personen (vgl. Ewerlin 2013, S. 12).

Eine weitere Perspektive konzentriert sich auf die Anteile der im Unternehmen identifizierten Talente, wobei im inklusiven Ansatz alle Personen im Unternehmen als Talente gelten (vgl. Thunnissen/Boselie/Fruytier 2013, S. 1750). Durch die fehlende Abgrenzung zum Personalmanagement, da das Talent hier nur ein Synonym für den Mitarbeiter darstellt, wird dieser Ansatz in der Literatur überwiegend als ungeeignet angesehen (vgl. Ewerlin 2013, S. 13). Im Gegensatz dazu ist in der Literatur häufig der exklusive Ansatz vorzufinden, bei dem nur ein geringer Teil der Mitarbeiter als Talent identifiziert wird (vgl. Thunnissen/Boselie/Fruytier 2013, S. 1750). Demnach sind Talente Personen, die einen Beitrag zum Geschäftserfolg erbringen und die strategisch erfolgskritische Positionen besetzen. Ein Talent verfügt über strategische Kompetenzen und ist nur begrenzt am Arbeitsmarkt verfügbar (vgl. DGFP e.V. 2008, S. 8).

Nach Steinweg (2009, S. 4) bezeichnet der Begriff Talent einen Status für einen Mitarbeiter, der eine hohe Leistung mit einem hohen Potenzial kombiniert. Dies sind, trotz der variierenden Definitionen, die Kernelemente des Talentmanagement-Prozesses (vgl. Church u. a. 2015, S. 25). Als Top-Performer bringt er überdurchschnittliche Leistungen und als High-Potential das Potenzial und den Wille der Weiterentwicklung für die nächste Position mit. Das Talent verliert den Status, wenn es die nächsthöhere Position erreicht hat und muss Leistung und Potenzial erneut unter Beweis stellen (vgl. Steinweg 2009, S. 4).

Obwohl jedes Unternehmen eine organisationsspezifische transparente Definition herausarbeiten muss, wird Talent in dieser Arbeit als Person, mit der Kombination der höchsten Ausprägung auf der Achse der Leistung und des Potenzials verstanden (vgl. Steinweg 2009, S. 4; Church u. a. 2015, S. 25). Talente besetzen damit erfolgskritische Positionen (vgl. Phillips 2014, S. 17). Das Verständnis von Talent ist eine notwendige Voraussetzung für die Entwicklung eines erfolgreichen Talentmanagements.

2.1.2 Definition und Ziele des Talentmanagements

Talentmanagement zielt darauf ab, die Anzahl von Mitarbeitern mit der höchsten Leistung sowie dem höchsten Potenzial (vgl. Kahl 2011, S. 5), zu identifizieren, einzusetzen und zu entwickeln sowie langfristig an das Unternehmen zu binden (vgl. Steinweg 2009, S. 5). Eine Langzeitstudie hat gezeigt, dass Unternehmen mit einem, auf den Werten des Unternehmens ausgerichteten, Talentmanagement 20% bessere Ergebnisse in der finanziellen Leistung erzielten (vgl. Collings 2014, S. 304).

In den späten 1990ern, als McKinsey Consultants den Begriff „war of talents" einführten, wurde das Basiskonzept des Talentmanagements entworfen (vgl. Steinweg 2009, S. 11). Es bezeichnet das Management, als den Umgang mit der Zielgruppe, die vom Unternehmen als Talente identifiziert werden (vgl. Ewerlin 2013, S. 50). Angetrieben werden den Diskussion und Anwendung von Unternehmen sowie Beratungsfirmen, während die Wissenschaft durch ein Fehlen von theoretischen Systemen gekennzeichnet ist. Untersuchungen beziehen sich auf momentane Praktiken, oft fehlt jedoch die theoretische Perspektive (vgl. Ariss/Cascio/Paauwe 2014, S. 173).

Aufgrund einer fehlenden, einheitlichen Definition wird Talentmanagement zum einen als Synonym für Personalpraktiken verstanden, zum anderen als Praktiken der Nachfolgeplanung oder als Management von talentierten Mitarbeitern (vgl. Lewis/Heckman 2006, S. 140-142). Weder der Begriff noch die Ziele und Maßnahmen sind klar definiert. Zudem werden unterschiedliche Bereiche in den Fokus gesetzt, wie die Entwicklung einer bestimmten Personengruppe oder eine Funktion (vgl. Schiemann 2014, S. 281). Irrtümlicherweise wird Talentmanagement oft mit der Entwicklung von Nachwuchskräften gleichgesetzt, jedoch beinhaltet es strategische Methoden und Maßnahmen um kritische Positionen langfristig mit den geeignetsten Mitarbeitern zu besetzen und so zum Unternehmenserfolg beizutragen (vgl. Schrehardt 2012, S. 24).

Gemeinsam haben alle Ansätze das Ziel, Talente effektiv und effizient zu identifizieren, auszuwählen und einzusetzen sowie zu binden und entwickeln, um langfristig die Wettbewerbsfähigkeit des Unternehmens zu sichern (vgl. Ritz/Sinelli 2010, S. 9). Somit besteht die Architektur des Talentmanagements aus einer Kombination von Systemen, Prozessen und Aktivitäten, die ein Unternehmen entwickelt und implementiert, um die Talente bestmöglich zu managen (vgl. Sparrow/Makram 2015, S. 250).

Der Talentmanagementbereich ist durch eine fehlende ganzheitliche Steuerung gekennzeichnet. Oftmals gibt es eine klare Vision, jedoch unklare strategische Ziele sowie eine fehlende Operationalisierung. Hinzu kommt die fehlende Messbarkeit des Talentmanagements. Eine der größten Herausforderungen ist die Verarbeitung von Daten. Momentan werden nur von 30% der Unternehmen integrierte Technologien eingesetzt, die durch analytische Stärken fähig sind interne und externe Veränderungen erfolgsbringend zu nutzen (vgl. I4cp 2015, S. 5). Bislang gibt es nur wenige empirische Studien, die den Beitrag zum Unternehmenserfolg von Talentmanagement bewerten, jedoch konnte eine positive Beziehung zwischen Talentmanagement und der unternehmerischen Leistung bewiesen werden (vgl. Bethke-Langenegger/Mahler/Staffelbach 2011, S. 525-526).

Der Mitarbeiter die Schlüsselkomponente ist, daher wird das Talentmanagement wird im Personalbereich eingeordnet, wobei das Talentmanagement eine unternehmensübergreifende Querschnittsaufgabe des Personalmanagements darstellt. Die Akteure des Talentmanagements sind neben den Talenten, die Verantwortlichen im Talentmanagement sowie die Führungskräfte, die für die Kommunikation zuständig sind (vgl. Ritz/Sinelli 2010, S. 11-12). Die Aufgabenbereiche werden auf die Besonderheiten der Talente abgestimmt (vgl. DGFP e.V. 2008, S. 8) und die Maßnahmen sind stärker miteinander verzahnt, damit Synergieeffekte generiert werden können (vgl. Ewerlin 2013, S. 20).

Im Gegensatz zum Personalmanagement sind personalpolitische Aktivitäten des Talentmanagements in der langfristigen Sicherstellung der zu besetzenden kritischen Positionen zu sehen (vgl. Kahl 2011, S. 25). Eine Verankerung des Talentmanagements wirkt sich langfristig positiv auf die Positionierung im Wettbewerb aus, da es eine verbesserte Zusammenarbeit zwischen dem Personalbereich und den Führungskräften schafft, erweiterte Entwicklungsmöglichkeiten bietet und eine Motivations- und Leistungserhöhung verfolgt (vgl. Deters 2012, S. 34). Das Personalmanagement arbeitet im

Einklang mit der Unternehmensstrategie, im Talentmanagement definieren darüber hinaus die Ziele des Unternehmens die erforderlichen Kompetenzen der Talente (vgl. Winkler 2009, S. 11).

Idealerweise ist das Talentmanagement nahe der Unternehmensführung angesiedelt, da für die Erreichung der Geschäftsziele ein verzahntes Prozessschema nötig ist (vgl. Kahl 2011, S. 24). Eine Angleichung an die Unternehmensstrategie hat einen nachweislich positiven Einfluss auf das Erreichen von Unternehmenszielen, die Arbeitsgeberattraktivität und Kundenzufriedenheit sowie den Unternehmensprofit (vgl. Bethke-Langenegger/Mahler/Staffelbach 2011, S. 524). In der Literatur liefert der Ansatz des integrativen Talentmanagements ein Verständnis von einem Talentmanagement, das auf die Unternehmensstrategie abgestimmt ist und strategisch mit den Zielen des Unternehmens verzahnt ist (vgl. Deters 2012, S. 28). Im besten Fall vereint das Talentmanagement die Strategie und die Kultur eines Unternehmens mit erweiterten Personalpraktiken, um so zum Unternehmenserfolg beizutragen (vgl. Steinweg 2009, S. 2).

Das Kompetenzmanagement nimmt eine entscheidende Rolle im integrativen Talentmanagement ein, da es die Verbindung zwischen Strategie, anderen Personalprozessen und dem Talentmanagement bildet (vgl. Deters 2012, S. 65). Kompetenz wird dabei umfassend als Kombination aus der Fähigkeit etwas zu können mit der Motivation etwas durchzuführen verstanden. Dabei ist zudem die zu erwartete Leistung zu erbringen (vgl. Becker 2008, S. 163). Im Kompetenzmanagement hält ein Unternehmen seine Kompetenzen im Kompetenzmodell fest, aus denen Stellenbeschreibungen und weitere Anforderungen für die Talente abgeleitet werden können. Es stellt die Basis für alle Aktivitäten im Talentmanagement dar (vgl. Steinweg 2009, S. 1). Mit Hilfe von Kompetenzanalysen wird untersucht, welche Bewerber und Mitarbeiter die strategisch wichtigen Kompetenzen für die jeweilige Position besitzen, um Potenziale oder Entwicklungsbedarfe zu ermitteln (vgl. Deters 2012, S. 65).

Der Aufbau des Talentmanagements mit seinen Funktionen wird oft als Talent-Lifecycle bezeichnet, der alle Interaktionen zwischen dem Unternehmen und Human Kapital darstellt (vgl. Schiemann 2014, S. 282). Dabei ist der Talent-Lifecycle nicht standardisiert, sondern abhängig von internen und externen sowie individuellen Faktoren (vgl. Ewerlin 2013, S. 32). Es sind vier gängige Kernbereiche zu unterscheiden. Angefangen mit der Gewinnung der Talente folgt die Identifizierung und Auswahl.

Nach der Entwicklung schließt der Einsatz und die Bindung den Talent-Lifecycle ab (vgl. Steinweg 2009, S. 8; Ritz/Sinelli 2010, S. 9-10; Phillips 2014, S. 18).

Vielfältige Strategien, wie die direkte Ansprache, Jobplattformen oder auch Internetseiten wie XING, Hochschulmarketing und Ausschreibungen, ermöglichen die **Gewinnung** potenzieller Bewerber, die die Bereitstellung von ausreichendem Humankapital zur Leistungserstellung gewährleistet (vgl. Chhabra/Mishra 2008, S. 51-52). Durch Maßnahmen im Bereich des Employer Brandings, positioniert sich der Arbeitgeber mit einer attraktiven Arbeitgebermarke, um die Bewerber zu überzeugen und für sich zu gewinnen. Im sogenannten Talent-Relationship Management, dem aktiven Beziehungsmanagement, steht die Kontaktpflege zu externen Kandidaten im Vordergrund (vgl. Steinweg 2009, S. 31).

Der **Identifizierung und Auswahl** der Talente geht eine Analyse des qualitativen und quantitativen Personalbedarfs voraus (vgl. Kahl 2011, S. 48). Somit erfolgt die Rekrutierung bedarfsorientiert. Leistung, wie auch Potenzial werden beurteilt. Das bedeutet, dass nicht nur bisher Geleistetes bewertet wird, sondern auch ermittelt wird, ob die Kriterien für eine zukünftige Position erfüllt sind (vgl. Steinweg 2009, S. 127).
Verschiedene Instrumente, wie Mitarbeitergespräche optional mit Zielvereinbarungen, Kompetenzanalysen, Potenzialeinschätzungen und Vergleiche der Person mit dem Anforderungsprofil, werden genutzt, um Talente für den Talentpool zu identifizieren und gegebenenfalls für eine geeignete Position auszuwählen (vgl. Steinweg 2009, S. 127-129; Kahl 2011, S. 52-54). Kompetenzen, wie Lern- und Anpassungsfähigkeit, werden als Standard vorausgesetzt, da außerordentliche Qualifikationen nicht mehr ausreichen. Erfolgreiche Unternehmen entwickeln, in Übereinstimmung mit der Unternehmenskultur und den Wertvorstellungen, Kompetenzmodelle für die Mitarbeiter, um deren Eignung für das Unternehmen sowie die Position zu evaluieren (vgl. Kahl 2011, S. 33).

Lücken zwischen dem Soll- und Ist-Profil einer Person werden durch **Entwicklungs**maßnahmen verringert (vgl. Steinweg 2009, S. 174). In der Entwicklungsplanung wird festgelegt, welche Kompetenzen gefördert werden sollen, um Herausforderungen in der Zukunft bestmöglich zu meistern. Die nötigen Informationen dazu finden sich beispielsweise in Kompetenzmodellen, Bedarfsanalysen oder den Anforderungen des Zielprofils (vgl. Steinweg 2009, S. 32-33). Dabei geht die Talententwicklung über die klas-

7

sische Personalentwicklung hinaus, indem Perspektiven zur Motivationssteigerung geboten werden mit dem Ziel die Bindung an das Unternehmen zu erhöhen (vgl. Deters 2012, S. 115). Markante Entwicklungsprogramme sind on-the-job und off-the-job. On-the-job bedeutet die Vermittlung und Erweiterung von neuen Kenntnissen direkt am Arbeitsplatz. Off-the-job bezeichnet die Weiterbildung durch Schulungen. Coachings werden häufig zur Unterstützung in Übergangsphasen genutzt, um den Mitarbeiter auf die nächste Position vorzubereiten (vgl. Steinweg 2009, S. 176-179). Der DGFP e.V. (2008, S. 16) benennt eine Kombination von on-the-job und Weiterbildung begleitet durch die Führungskraft als bedeutendste Maßnahme der Talententwicklung.

Damit Talente zu den gewünschten Erfolgsfaktoren werden, ist der Bereich **Einsatz und Bindung** für die Besetzung von Schlüsselpositionen mit den geeigneten Mitarbeitern zum richtigen Zeitpunkt und die langfristige Bindung an das Unternehmen verantwortlich. In der Nachfolgeplanung werden Lücken bei der Nachbesetzung eruiert, Vakanzen bestimmt und Nachfolger aus dem Talentpool gesucht (vgl. Steinweg 2009, S. 160-163). Das Karrieremanagement zeigt transparente Karrierepfade auf (vgl. Deters 2012, S. 139) und im Bindungsmanagement werden Maßnahmen konzipiert um den Mitarbeiter im Unternehmen zu halten (vgl. Deters 2012, S. 164).

Jedes Unternehmen hat selbst zu ergründen, in welche Richtung die Definition und spezifischen Funktionen des Talentmanagements gehen und welcher Fokus, für ein durchdachtes Konzept zur strategischen und langfristigen Ausrichtung, bestimmt wird (vgl. Schrehardt 2012, S. 25). Die Unternehmensstrategie bestimmt dabei die Richtung (vgl. Ritz/Sinelli 2010, S. 8). Mit verbesserten Datensystemen und besseren Entscheidungen durch konkretere Zielsetzungen wird die Unternehmensleistung gesteigert. Das Talentmanagement ist in diesem Bereich nur wenig erforscht, da relevante Konstanten schwierig zu messen und nicht direkt mit dem Unternehmenserfolg zu verknüpfen sind (vgl. Russell/Bennett 2015, S. 237).
Ariss, Cascio und Paauwe (2014, S. 174) halten zusätzlich fest, dass es entscheidend ist, dass innerhalb des Unternehmens die Begriffe Talent und Talentmanagement gleichermaßen von der Unternehmensführung, der Personalabteilung wie auch den Führungskräften verstanden werden, auch wenn diese unterschiedliche Vorstellungen davon haben, welches die Quellen des Wettbewerbsvorteils im Unternehmen sind.

2.2 Die Balanced Scorecard

2.2.1 Aufbau und Ziele

Die Balanced Scorecard ist ein Management- und Steuerungselement um Unternehmensprozesse ganzheitlich zu evaluieren (vgl. Kaplan/Norton 1997, S. 10). Ackermann (2000, S. 15) erklärt die Wortherkunft: Die *Scorecard* ist eine Karte im Sport, die bedeutende Ergebnisse auflistet. Wenn unterschiedliche Funktionen gleichwertig mit einbezogen werden, wird sie als *Balanced* bezeichnet. Dieses Konzept wird auf Unternehmen übertragen.

Kaplan und Norton (1997) haben zu Beginn der neunziger Jahre das grundlegende Konzept der BSC eingeführt. Ausgehend von der Vision und Mission eines Unternehmens wird die Unternehmensstrategie abgeleitet. Mit der BSC erfolgt die Umsetzung der Strategie in einem Top-down-Ansatz, da die Schwierigkeiten eines Unternehmens im Übergang von der Strategiefindung zur -umsetzung und der Vernachlässigung von Zusammenhängen liegen.

Klassische Kennzahlensysteme sind oftmals durch ihren finanzlastigen Fokus rückwärtsgewandt und somit kritisch zu betrachten. Die Zukunftsgestaltung ist eine wichtige Leitidee der BSC, weshalb nicht nur finanzielle Messgrößen, sondern auch nichtmonetäre Sachverhalte aus anderen relevanten Bereichen berücksichtigt werden, um eine ganzheitliche und ausgewogene Steuerung zu gewährleisten (vgl. Ackermann 2000, S. 15-18). Die BSC führt vier ausgewogene Perspektiven zur Leistungsmessung auf: die Finanzperspektive, die Kundenperspektive, die interne Prozessperspektive und die Lern- und Entwicklungsperspektive (vgl. Kaplan/Norton 1997, S. 24-27).

Jede Perspektive wird durch strategische Ziele charakterisiert, die aus der Strategie abgeleitet werden. Durch die Festlegung von Kennzahlen für jedes Ziel erfolgt eine inhaltliche Konkretisierung. Es werden zwei Kennzahlenbündel unterschieden: Die Kernkennzahlen sind in jeder Scorecard zu finden, da sie allgemeingültig sind und die Leistungstreiber, auch Differenziatoren genannt, die die Besonderheiten der Strategie widerspiegeln (vgl. Kaplan/Norton 1997, S. 63). Abschließend wird geprüft, inwieweit es Differenzen zwischen Ist- und Sollwerten gibt, um daraus Maßnahmen für die Realisierung der Sollwerte abzuleiten. Aus der Vielzahl von Möglichkeiten wird eine unternehmensspezifische und situationsabhängige Auswahl getroffen (vgl. Ackermann 2000, S. 26-28).

Die **Finanzperspektive** definiert zum einen die finanziell erwartete Leistung, zum anderen sind die Ziele und Kennzahlen die Endziele der anderen Perspektiven (vgl. Kaplan/Norton 1997, S. 46). Strategische Zielsetzungen sind Umsatz- und Ertragswachstum sowie Kostensenkungen oder Renditeziele. Zudem werden Cashflow und Shareholder Value Größen betrachtet um die Interessen der Anteilseigner mit einzubeziehen (vgl. Ackermann 2000, S. 27). Nach Kaplan und Norton (1997, S. 47-49) ist die Lebenszyklusphase des Unternehmens ausschlaggebend. In der Wachstumsphase überwiegen die Umsatzziele, in der Reifephase die Rentabilitätsziele und in der Erntephase dominiert der Cash Flow. Des Weiteren spielt das Risikomanagement in der finanziellen Perspektive eine wichtige Rolle. Das Risiko im Unternehmen soll verringert werden, indem schlechte Prognosen, die unvorhergesehene Verbindlichkeiten hervorrufen, vermieden werden mit dem Ziel die Abweichung zwischen Soll- und Ist-Ergebnissen zu verringern (vgl. Kaplan/Norton 1997, S. 59).

Kennzahlen sind dabei beispielsweise der Unternehmenswert, Kapital- oder Umsatzrenditen sowie Investitions- oder Eigenkapitalquoten und Kostensenkungssätze (vgl. Kaplan/Norton 1997, S. 50).

Die Existenzsicherung und die Erweiterung des Marktes erfordert eine konsequente Kundenorientierung. Die **Kundenperspektive** beinhaltet Ziele, die zur Kundenzufriedenheit beitragen und letztendlich die Marktanteile vergrößern (vgl. Ackermann 2000, S. 28).

Angefangen von der Kundenakquisition mit Kennzahlen wie der Anzahl der Neukunden und der Umsatz mit Neukunden über die Kundenbindung und -treue zur Kundenrentabilität. Kunden sind dabei diejenigen, die Ansprüche an das Unternehmen stellen, die es zu erfüllen gilt. Zufriedene Kunden, die dem Unternehmen erhalten bleiben und die Akquisition von Neukunden erhöhen den Marktanteil. Folgeaufträge und Umsatz der Altkunden beschreiben die Kundentreue, der Customer Satisfaction Index trifft Aussagen zur Kundenzufriedenheit und der Nettogewinn eines Kunden oder Kundensegments gibt Aufschluss über die Rentabilität der Kunden. Durch leistungstreibende Faktoren, wie die Pflege der Kundenbeziehungen durch geschulte Mitarbeiter und nach Kundenwünschen ausgerichtete Produkt- und Serviceeigenschaften, werden möglichst hohe Werte an Kundenzufriedenheit, -treue und -bindung erreicht. Weitere Kennzahlen sind die Anzahl der Reklamationen, Neu- und Stammkunden wie auch die Auftragsbestände und -größen (vgl. Kaplan/Norton 1997, S. 66-73).

Die Perspektive ist durch methodische Schwierigkeiten geprägt, da die beschriebenen weichen Faktoren nur schwer zu ermitteln sind (vgl. Ackermann 2000, S. 28-29).

Das Unternehmen ist eine Wertschöpfungskette, wobei die einzelnen Elemente gleichzeitig Werterzeuger und Kostenverursacher sind. Die **interne Prozessperspektive** hat das Ziel die internen Prozesse zu optimieren, um Wettbewerbsvorteile zu generieren. Mit der Anwendung der Prozesskostenrechnung und der Analyse von kostentreibenden Faktoren innerhalb der Wertkette werden Prozessqualitäten verbessert. Diese Ziele werden durch Kennzahlen wie die Relation von Bearbeitungs- zu Durchlaufzeit, Lieferantenanzahl oder Verfügbarkeit der Anlagen gemessen (vgl. Kaplan/Norton 1997, S. 108-109). Eingesetzte Prozessverantwortliche und eingeführte prozessorientiere Organisationsstrukturen sind dabei Mittel zur Zielerreichung. Die Prozesszeiten sollen verkürzt, Prozessqualitäten verbessert und Kosten gesenkt werden. (vgl. Ackermann 2000, S. 29-31).

Angefangen mit der Kundenorientierung, die als Gestaltungsprinzip der Perspektive gilt, folgen drei Hauptgeschäftsprozesse: der Innovationsprozess, die Betriebsprozesse und der Kundendienstprozess. Der Erste beinhaltet Aktivitäten der Marktforschung und Forschung und Entwicklung, der Betriebsprozess fängt bei der Bestellung an und koordiniert Fertigung und Logistik, im Kundendienstprozess sind alle Serviceleistungen verarbeitet (vgl. Kaplan/Norton 1997, S. 92-93).

Die Besonderheit der Betrachtung in der BSC liegt darin, dass nicht nur bestehende Prozesse evaluiert werden, sondern auch neue Prozesse entwickelt werden können, um die Ziele der Perspektive zu erreichen (vgl. Kaplan/Norton 1997, S. 25).

Die **Lern- und Entwicklungsperspektive** konzentriert sich auf das Lernen und Wachsen des Unternehmens und ist als organisatorischer Rahmen für die Umsetzung der Ziele der anderen Perspektiven entscheidend (vgl. Ackermann 2000, S. 32-33). Diese Perspektive soll „Ziele und Kennzahlen zur Förderung einer lernenden und wachsenden Organisation" (Kaplan/Norton 1997, S. 121) beinhalten. Zwei Hauptkategorien werden unterschieden: die Mitarbeiterpotenziale und die Potenziale der Informationssysteme (vgl. Kaplan/Norton 1997, S. 121). Der Schwerpunkt liegt auf den Mitarbeiterpotenzialen mit dem Ziel der Personalqualifikation. Mit dem Erreichen dieses Ziels werden die anderen Kategorien weiter gefördert.

Durch eine horizontale und vertikale Verknüpfung der einzelnen Elemente der Unternehmensbereiche mit den Perspektiven wird das Denken in Systemen gefördert. Die Besonderheit der BSC liegt im Zusammenspiel der Komponenten. Es entstehen Ursache-Wirkungsbeziehungen, die eine Strategieverfolgung ermöglichen. Dabei sind alle Perspektiven auf die finanzielle Perspektive ausgerichtet, wobei die Ausgewogenheit erhalten bleibt, da monetäre und nicht-monetäre Größen, strategische und operative Betrachtungen und Vergangenheits- wie auch Zukunftsorientierung mit einbezogen werden (vgl. Kaplan/Norton 1997, S. 9-10). Somit bildet die BSC nicht nur ein Kennzahlensystem, sondern einen strategischen Rahmen (vgl. Kaplan/Norton 1997, S. 28-30). Dabei fokussiert die BSC das Wesentliche, da sonst die Praktikabilität verloren gehen würde und gibt einen formalen Organisationsrahmen, der unternehmensspezifisch und situationsabhängig gefüllt werden kann (vgl. Ackermann 2000, S. 15-17). Mit der Einführung einer Scorecard werden Stärken wie auch Problemzonen aufgezeigt, wodurch das Unternehmen besser eingeschätzt werden kann und bedarfsgerechte Maßnahmen zur Leistungssteigerung entwickelt werden können. Das Unternehmen wird als dynamisches System verstanden, sodass die BSC permanent angepasst und modifiziert werden muss.

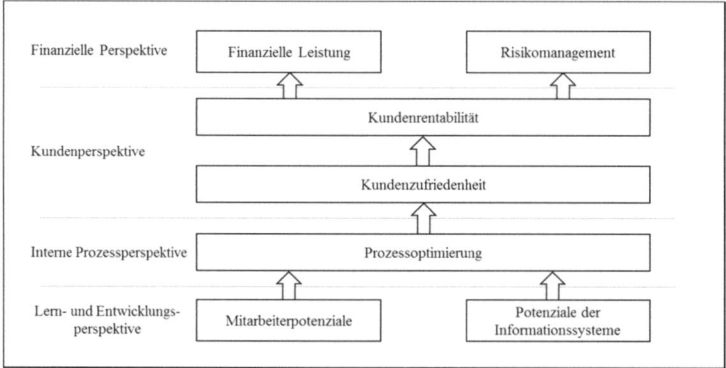

Abb. 1: Die Balanced Scorecard eines Unternehmens (in Anlehnung an: Kaplan/Norton 1997, S.29)

Abbildung 1 beschreibt die BSC eines Unternehmens als Ursache-Wirkungsschema. Wenn die Leistung der Mitarbeiter innerhalb der Lern- und Entwicklungsperspektive gesteigert wird, kann dies positive Auswirkungen auf die interne Prozessperspektive haben, indem Prozessqualitäten verbessert und indirekt Prozesskosten verkürzt werden können, beispielsweise durch verkürzte Bearbeitungszeiten von Aufträgen. Dies hat wiederum positive Auswirkungen auf die Kundenperspektive, da Kunden schneller bedient werden und somit zufriedener sind. Dadurch wird die Rentabilität der Kunden gesteigert. Letztendlich ergibt sich ein Einfluss auf den finanzwirtschaftlichen Erfolg in Form der gesteigerten finanziellen Leistung und dem geminderten Risiko, beispielsweise durch eine verbesserte Kennzahl wie der erhöhte Umsatz pro Mitarbeiter. Die BSC betrachtet die Perspektiven gleichermaßen ausgewogen und setzt strategische Anforderungen um (vgl. Kaplan/Norton 1997, S. 28-29; Ackermann 2000, S. 31).

Die vier beschriebenen Perspektiven haben keinen Vorschriftscharakter, sondern sind als Ausgangsplattform zu verstehen und werden an die Bedingungen des Unternehmens angepasst (vgl. Kaplan/Norton 1997, S. 33). Die Literatur orientiert sich an den Perspektiven und ergänzt diese gegebenenfalls.

2.2.2 Die BSC im Rahmen des Personalmanagements

In der Scorecard eines Unternehmens wird das Personal in der Lern- und Entwicklungsperspektive erfasst. Bereichs-Scorecards übertragen das Konzept der BSC (vgl. Jossé 2005, S. 162). Das Konzept setzt voraus, dass der Bereich eigene Zielsetzungen hat und nicht nur eine ausschließlich ausführende Funktion (vgl. Ackermann 2000, S. 87). Die, auf das Personalmanagement angewandte, BSC, wird auch Personal-BSC oder Human Resources-BSC (HR-BSC) genannt. Sie zeigt auf, wie effizient das Personalmanagement innerhalb des Unternehmens agiert und gibt dem Personalbereich die Möglichkeit, die eigene Wertschöpfung aufzuzeigen. Die Personalstrategie, die aus der Unternehmensstrategie abgeleitet ist, wird in Ziele, Kennzahlen und Maßnahmen umgesetzt (vgl. Ackermann 2000, S. 25). Oftmals werden Kennzahlen im Rahmen der Einführung einer HR-BSC erst gebildet.

In der Literatur gibt es keine einheitliche HR-BSC. Sie kann die gleichen Perspektiven wie die typische BSC abbilden (vgl. Jossé 2005) oder es wird argumentiert, dass die Perspektiven nicht direkt auf das Personalmanagement übertragen werden können und es eine Anpassung geben muss (vgl. Walker/MacDonald 2001; Beatty/Huselid/Schneier 2003, S. 109). Ackermann (2000, S. 71-97) zeigt sowohl Möglichkeiten der HR-BSC mit den ursprünglichen Perspektiven, wie auch mit veränderten Perspektiven auf, die oft der ursprünglichen BSC ähneln. Die Perspektive der Wirtschaftlichkeit ähnelt der Finanzperspektive, die Mitarbeiter- der Kundenperspektive, die Qualitätsperspektive der internen Prozessperspektive und die Lern- und Entwicklungsperspektive wird nur in Lernen und Wissensperspektive umformuliert.

Die **Finanzperspektive** hält den finanziellen Erfolg fest mit dem Ziel die Kosten niedrig zu halten und den Mehrwert für das Unternehmen zu steigern. Die Senkung der Kosten setzt die Kostentransparenz voraus, die durch mögliche Kennzahlen wie den Personalentwicklungskosten je Mitarbeiter oder Produktivitätsgrößen aufgezeigt wird (vgl. Jossé 2005, S. 167). Es können zudem Kennzahlen der Unternehmens-BSC in der HR-BSC präzisiert werden z.b. die Fluktuationsquote, die verringert werden soll (vgl. Jossé 2005, S. 163-164). Maßnahmen zur Erreichung von Sollwerten sind größtenteils in den anderen Perspektiven wiederzufinden.

Sowohl interne Mitarbeiter und externe Personen als auch Führungskräfte und die Unternehmensleitung stellen Ansprüche an das Personalmanagement und werden in der **Kundenperspektive** festgehalten. Die Arbeit der Personalabteilung in Form der Dienstleistungen können als Produkte angesehen werden (vgl. Ackermann 2000, S. 50-53). Das Ziel der Kundenzufriedenheit wird erreicht, indem die Mitarbeiter des Personalmanagements die Mitarbeiter des Unternehmens bezüglich allen personellen Aktivitäten beraten und damit die Führungskräfte in ihrer Arbeit unterstützen. Die Unternehmensleitung erwartet einen Beitrag zum Unternehmenserfolg. Durch Maßnahmen wie den Aufbau von Hochschulkontakten kann das Hochschulmarketing intensiviert werden und Kennzahlen, wie die Quote der Bewerbungen, erhöhen (vgl. Jossé 2005, S. 166-167).

Die Systeme der einzelnen Bereiche des Personalmanagements stellen die **interne Prozessperspektive** dar, mit dem Ziel die Zufriedenheit der Mitarbeiter und Bewerber durch verbesserten Service zu erhöhen, indem beispielsweise die Durchlaufzeit je Bewerbung in der Personalgewinnung verringert wird (vgl. Jossé 2005, S. 167).

In der **Lern- und Entwicklungsperspektive** werden die Potenziale der Mitarbeiter analysiert und gefördert, um das Lernen und Wachsen zu fördern. Die Förderung der Leistung und Bindung sowie der Motivation an das Unternehmen werden durch Größen wie die Anzahl der Weiterbildungsangebote bewertet. Die Motivation wird mit Befragungen der Mitarbeiter untersucht und ausgewertet (vgl. Kaplan/Norton 1997, S. 122-129).

Die HR-BSC ist durch eine erschwerte Leistungszuordnung gekennzeichnet, da oftmals keine direkten Korrelationen nachgewiesen werden können und die Wertzuwächse nicht direkt auf Maßnahmen im Personalbereich zurückzuführen sind (vgl. Jossé 2005, S. 165).

Dennoch ist die BSC für den Personalbereich ein sinnvolles Instrument, da sie eine transparente und umfassende Steuerung des Personalmanagements mit einer langfristigen Ausrichtung ermöglicht. Mit Hilfe von konkreten Zielsetzungen wird der Beitrag zum Unternehmenserfolg herausgearbeitet (vgl. Ackermann 2000, S. 98). Finanzielle Auswirkungen, die das Unternehmen beeinflussen, lassen sich unter Verwendung von Statistiken und den Zusammenhängen, die in der HR-BSC entwickelt werden, besser zurückverfolgen (vgl. Walker/MacDonald 2001, S. 374).

3 Instrumente zur Evaluation des Talentmanagements

Die Interessenvertreter eines Unternehmens wie auch die Wissenschaft fordern einen Zusammenhang zwischen Talentmanagement und Erfolg (vgl. Thunnisen/Boselie/Fruytier 2013, S. 1752). Falsche Entscheidungen und zu wenig Wissen über die Daten im Talentmanagement sind kostspielig, da es zur verminderten Unternehmensleistung kommt, wenn der Mitarbeiter eine Position besetzt, die nicht seinen Qualifikationen entspricht (vgl. Russell/Bennett 2015, S. 237). Daten müssen aussagekräftig aufbereitet und ausgewertet werden und die Maßnahmen innerhalb des Bereiches erfordern eine regelmäßige Kontrolle (vgl. Kahl 2011, S. 75). Einheitliche Bewertungsmaßstäbe in den einzelnen Bereichen des Talentmanagements schaffen Transparenz, dies ist auch das Ziel bei der Evaluation des gesamten Talentmanagementprozesses.

Hodges DeTuncq und Schmidt (2013) fassen 18 Studien zusammen, die Scorecards benutzt haben, um das integrative Talentmanagement zu evaluieren. Es werden drei Scorecards unterschieden. Die Micro Scorecard wie auch die funktionale Macro Scorecard evaluiert einzelne Bereiche des Talentmanagement und beschreibt, wie diese effektiv gestaltet werden können. Die organisationale Macro Scorecard evaluiert den gesamten Bereich des Talentmanagements (vgl. Hodges DeTuncq/Schmidt 2013, S. 4). Der Evaluationsprozess wurde jedoch auf der Basis eines anderen Konzepts durchgeführt, sodass nicht von den vier Perspektiven der BSC ausgegangen wird und auch keine Ursache-Wirkungsbeziehungen analysiert werden. Durch den grundsätzlich anderen Aufbau und Fokus liegen die Ergebnisse der Evaluation in der unternehmensspezifischen Auswertung der Maßnahme.

Steinweg (2009, S. 2-3) hat ein Rahmenmodell für ein Talent Management System entwickelt, das auf drei Säulen aufbaut. Die Strategie gibt die Richtung an, die Kultur setzt den Grundstein und die Personalpraktiken sind für die Umsetzung der Personalprozesse verantwortlich. Der Ansatz stellt die „wesentlichen Aspekte und Techniken eines Talent Managements Systems" (Steinweg 2009, S. 3) dar und bietet Checklisten und Vorlagen. In der Praxis sind verschiedene Instrumente zu finden, die einzelne Programme bezüglich ihrer Effektivität bewerten (vgl. Schiemann 2014, S. 286) oder das Talentmanagement anhand eigener Konzepte bewerten (vgl. Russell/Bennett 2015). Andere relevante Ansätze sind beispielsweise das HR bridge framework, das die Verbindungen der Effizienz, Effektivität und des Einflusses untersucht (vgl. Boudreau/Ramstad 2005, S. 131-132).

Key Performance Indicators werden zur Bewertung einzelner Maßnahmen herangezogen. Allerdings beziehen sich die Messgrößen nicht auf den Wertbeitrag der Maßnahme, sondern bewerten die wahrgenommene Qualität der Maßnahme oder beurteilen der Leistung der Talente und betrachten somit lediglich einen Teilaspekt des Talentmanagements (vgl. Krings, 2014, S. 46).

Zudem können bewährte Instrumente aus der Bewertung des Personalbereichs teilweise auf den Bereich des Talentmanagements übertragen werden, jedoch beruhen die Ansätze auf einer anderen Datenstruktur und setzen andere Schwerpunkte (vgl. Deters 2012, S. 191-193). Die Herausforderung liegt nicht nur in der Auswahl passender Kennzahlen, sondern in der Erstellung eines gesamten Systems, welches das Talentmanagement übersichtlich bewertet.

Des Weiteren werden zunehmend Software-Lösungen, wie Success Factors, integriert, um die Informationen auf einer Datenbank zu vereinheitlichen (vgl. I4cp 2015, S. 4).

Die Wissenschaft erfordert einen integrativen Ansatz mit einer langfristigen Ausrichtung (vgl. Deters 2012, S. 222). Die aufgeführten Instrumente bieten somit Ansätze zur Evaluation, jedoch keine ganzheitliche Evaluation des Talentmanagements. Eine umfassende Evaluation setzt bei der Strategie an, berücksichtigt die unterschiedlichen Sichtweisen und zeigt Zusammenhänge auf. Durch einen ausgewogeneren Ansatz kann schließlich die Leistung verbessert werden (vgl. Collings/Scullion/Vaiman 2015, S. 233-237).

4   Analyseteil

4.1   Vorgehen der Analyse

Mithilfe der BSC als Instrument zur Evaluation soll eine strategische Ausrichtung des Talentmanagements erfolgen. In der Analyse wird untersucht, inwieweit die BSC eine ganzheitliche Steuerung mit klaren Zielvorgaben und Maßnahmen ermöglicht, um das Talentmanagement eines Unternehmens zu evaluieren. Die Herausforderung besteht darin, die Literatur der BSC wie auch des Talentmanagements gleichermaßen zu berücksichtigen. Die Ausführungen zur BSC stellen die methodische Grundlage dar und geben die Struktur vor, wobei die Literatur des Talentmanagements für den Inhalt verantwortlich ist.

Die Bereichs-Scorecard ist als eigenständiges Instrument des Talentmanagements zur Evaluation anzusehen. Dies setzt voraus, dass der Bereich eine eigene Strategie besitzt (vgl. Ackermann 2000, S. 50-53). Die Strategie des Talentmanagements wird aus der Unternehmensstrategie abgeleitet und umgesetzt, indem innerhalb der Perspektiven Ziele aus den Funktionen des Talentmanagement entwickelt werden. Dabei fokussiert die Scorecard die Kernelemente des Talentmanagements, die am relevantesten für die Umsetzung der Talentstrategie sind, verdichtet die Vielzahl von Informationen und trifft Aussagen über den Fortschritt der Zielerreichung. Die isolierte Bewertung der einzelnen Funktionen des Talentmanagements soll durch die Aufstellung nach den Perspektiven der BSC aufgelöst werden und zu einer Verzahnung der Teilfunktionen mit gemeinsamen Zielen führen (vgl. Kaplan/Norton 1997, S. 12). Am Ende der Analyse soll die Darstellung der BSC mit den Zielen, Kennzahlen und Maßnahmen des Talentmanagement gefüllt sein. Die Zusammenhänge der Funktionen sind mit Pfeilen hervorgehoben und lassen die Zusammenhänge erkennen lassen.

Die Ergebnisse der Analyse in dieser Arbeit sollen dabei kein starres System zur Evaluation von Talentmanagement darstellen, sondern ein allgemeingültiges Instrument aufzeigen, welches an die spezifischen Faktoren eines Unternehmens, wie Größe, Branche und Strategie angepasst wird. Die Arbeit konzentriert sich somit auf Kernkennzahlen und gibt nur beispielhaft Leistungstreiber an (vgl. Kaplan/Norton 1997, S. 144).

Der Strategiefindungsprozess ist nicht Teil der BSC, sondern diese setzt bei der Umsetzung an. In dieser Arbeit wird es keine konkrete Talentstrategie geben, da diese unternehmensspezifisch abgeleitet und angepasst werden muss. Das Talentmanagement hat das allgemeine Ziel, die richtigen Talente zur richtigen Zeit in der passenden Position einzusetzen. Somit repräsentiert dies die allgemeine Talentstrategie.

4.2 Betrachtung der vier BSC Perspektiven

4.2.1 Finanzperspektive

Studien weisen nach, dass strategisches Talentmanagement das Unternehmen zu einer höheren finanziellen Leistung wie Betriebsgewinn, Umsatzerlöse, Produktivität oder Eigenkapitalrendite führen kann (vgl. Bethke-Langenegger/Mahler/Staffelbach 2011, S. 526).

Die Basis für die Scorecard im Talentmanagement ist die Erreichung von Unternehmenszielen (vgl. Walker/MacDonald 2001, S. 360). Kaplan und Norton (1997, S. 49-58) unterscheiden drei finanzwirtschaftliche Themen, die aus einer Unternehmensstrategie, hier aus einer Talentstrategie, entstehen können: das Ertragswachstum, die Kostensenkung und somit Produktivitätsverbesserung sowie drittens die Nutzung von Vermögenswerten und damit Investitionsstrategie. Letztere bedient sich knappen Ressourcen. Talente werden aufgrund der wirschaftlichen Veränderungen zu knappen Ressourcen. Das Talentmanagement hat das Ziel diese knappen Ressourcen bestmöglich einzusetzen. Talent stellt damit einen Vermögenswert dar und das Ziel der Finanzperspektive ist die gesteigerte Nutzung dieser Vermögenswerte (vgl. Kaplan/Norton 1997, S. 56). Dieses Ziel kann anhand von Kennzahlen zum Umsatz pro Talent gemessen werden. Der gesamte Umsatz des Unternehmens steigt, wenn die Talente ihren Umsatz erhöhen (vgl. Walker/MacDonald 2001, S. 372).

Durch die verbesserte Nutzung werden andere Ziele erreicht, wie Kostensenkungen, indem wiederholtes Investieren vermieden werden kann (vgl. Kaplan/Norton 1997, S. 58) und die Kosten pro Talent gesenkt werden.

Die beiden Hauptziele sind somit die Erhöhung der Leistung der Talente mit der Kennzahl Umsatz pro Talent und die Kostensenkung, die mit der Kennzahl Kosten pro Talent ausgedrückt wird (vgl. Walker/MacDonald 2001, S. 372).

Über die Lebenszyklusphasen lassen sich keine Aussagen treffen, da kein spezifisches Unternehmen oder Phase betrachtet wird, sondern allgemeingültige Aussagen für das Talentmanagement getroffen werden.

Das Risikomanagement spielt im Talentmanagement eine entscheidende Rolle. Um das übergeordnete Ziel der Besetzung der richtigen Mitarbeiter in den richtigen Positionen zu erfüllen, ist das Ziel des Risikomanagements, möglichst genaue Vorhersagen zu treffen. Somit können Fehlbesetzungen oder Ausfälle von Schlüsselpositionen vermieden werden (vgl. Winkler 2009, S. 15-16). Je genauer die Vorhersage, umso geringer die Abweichung zwischen Soll- und Ist-Werten.

Als Kennzahl können Soll-Ist Ergebnisse betrachtet werden, wobei kleinere Abweichungen ein geringeres Risiko bedeuten. Eintrittswahrscheinlichkeiten und Schadenshöhen geben Auskunft über das Ausmaß der Risiken. Alle Ziele der nachfolgenden Perspektiven können hier als Soll-Ist Vergleich aufgeführt werden, um zu einem übergreifenden Soll-Ist Ergebnis des gesamten Talentmanagements zusammengeführt zu werden. Von der Risikoidentifikation bis zur Risikoanalyse wird eine systematische Grundlage für das Erkennen, Kontrollieren und Bewerten der Risiken gelegt (vgl. Kaplan/Norton 1997, S. 59). Im Talentmanagement wird durch detaillierte Planung in nahezu allen Bereichen versucht, die Differenz zwischen Soll- und Ist-Werten zu reduzieren und genaue Vorhersagen zu treffen. Angefangen bei der Leistungs- und Potenzialbeurteilung, die mit validen Instrumenten die Mitarbeiter möglichst genau analysiert. Talente nähern sich dem Soll-Profil, indem sie in der Entwicklung speziell gefördert werden. In der Nachfolgeplanung werden Prognosen für die Einsätze der Talente erstellt. Pro-aktive Nachfolgeplanung ermöglicht eine langfristige Planung und einen bedarfsgerechten Einsatz.

Alle drei anderen Perspektive sind auf die Finanzperspektive ausgerichtet. Die Ausführungen der folgenden Perspektiven sollen letztendlich dem Ziel dienen, die Vermögenswerte in Form der Talente zu steigern und genaue Vorhersagen zu treffen, um Risiken zu minimieren.

4.2.2 Kundenperspektive

Eine klare Formulierung der strategischen Kundenziele bedingt eine genaue Festlegung der Kundensegmente (vgl. Kaplan/Norton 1997, S. 11). Angelehnt an die HR-BSC sind die Kunden im Talentmanagement in Führungskräfte, Unternehmensleitung und Talente, externe wie auch interne, zu unterteilen.

Die Führungskräfte transportieren die Unternehmenskultur zu den Mitarbeitern und agieren als Figur zwischen der Abteilung des Talentmanagements und den Mitarbeitern, sie gelten als Multiplikator des Talentmanagements. Sie erwarten vom Talentmanagement, dass die Talente in ihren Abteilungen bestmöglich ausgewählt werden (vgl. Deters 2012, S. 250). Das Talentmanagement berichtet an die Unternehmensleitung. Die

Unternehmensleitung verfolgt das Interesse des finanziellen Erfolgs, zu dem das Talentmanagement einen Beitrag leisten soll (vgl. Ackermann 2000, S. 91-92). Die Führungskräfte sowie die Unternehmensleitung sind als Kunden anzusehen, da sie Ansprüche an das Talentmanagement haben. Ihr Anspruch wird erfüllt und sie werden als Kunden bestmöglich zufrieden gestellt, indem die richtigen Talente in den richtigen Positionen eingesetzt werden und deren Leistung maximiert wird (vgl. Bethke-Langenegger/Mahler/Staffelbach 2011, S. 526).

Der Fokus liegt auf dem ausgewählten Kundensegment der Talente, die im Talentpool zusammengeführt werden. Der Talent-Lifecycle ist neben der unternehmerischen Ausrichtung auf die Zufriedenheit der Talente ausgerichtet. Aufgrund des Umfangs der Arbeit gibt es im Folgenden keine Unterscheidung der Talente bezüglich Herkunft, Alter o. ä., sondern nur in externe und interne Talente. Externe Talente sind potenzielle Mitarbeiter außerhalb des Unternehmens, die es zu gewinnen und identifizieren gilt. Interne Talente sind bereits Mitarbeiter des Unternehmens und müssen als Talente identifiziert werden, um dann ausgewählt, entwickelt, eingesetzt und an das Unternehmen gebunden werden zu können.

Nachdem die Zielgruppe identifiziert ist, erfolgt die Festlegung der Ziele und Kennzahlen für die Gruppe der Kunden (vgl. Kaplan/Norton 1997, S. 63). Die Kundenperspektive hat die Aufgabe zum einen die Führungskräfte und die Unternehmensleitung, zum anderen die Talente bestmöglich zufrieden zu stellen, indem für jede Funktion im Talentmanagement Ziele gefunden werden, die sowohl die richtigen Personen für die richten Positionen auswählt als auch den Anforderungen der Talente gerecht wird.

Da das Talentmanagement sehr kundenlastig agiert, bedarf der Talent-Lifecycle in dieser Perspektive einer intensiven Betrachtung. Somit betreffen alle Funktionen des Talentmanagements die Kundenperspektive. Nur wenn alle Funktionen des Talent-Lifecycles an der Strategie, die richtigen Personen für die richtigen Positionen zu finden, ausgerichtet sind, können die Talente und die Unternehmensleitung sowie die Führungskräfte bestmöglich zufriedengestellt werden. Ausgehend von den Oberzielen und Kernkennzahlen der Kundenzufriedenheit, -treue, -erhaltung, -akquisition und -rentabilität (vgl. Kaplan/Norton 1997, S. 62-63) werden die Funktionen daraufhin untersucht und spezifiziert.

Beginnend mit der Funktion der **Gewinnung** von Talenten müssen zuerst geeignete Ziele gefunden werden, um sie vom Unternehmen zu überzeugen und für das Unternehmen zu gewinnen. Dem Rückgang der Bewerberzahlen steuert ein Unternehmen entgegen, indem es sich als attraktiver Arbeitgeber positioniert (vgl. Phillips 2014, S. 18-19). Der Fokus eines Unternehmens verlagert sich mehr und mehr nach außen. Ein Unternehmen wird für die Talente attraktiv, wenn es die Anforderungen und Bedürfnisse an ein Unternehmen umsetzt (vgl. Kaplan/Norton 1997, S. 62). Das Ziel im Rahmen des Employer Brandings ist somit die Kundenakquisition durch die strategische Ausrichtung auf die Anforderungen und Bedürfnisse der Talente, um die Kunden bestmöglich zufrieden zu stellen.

Um dieses Ziel mit Inhalt zu füllen, müssen diese Bedürfnisse zunächst identifiziert werden, um das Employer Branding talentspezifisch daran auszurichten. Studien zur Bewertung der Attraktivität eines Arbeitgebers geben Auskunft, worauf Bewerber Wert legen. Aktuelle Absolventenstudien zeigen, dass bei über 60% eine kollegiale Arbeitsatmosphäre und Work-Life-Balance ausschlaggebend bei der Arbeitsgeberwahl ist. Es folgen Karriere- und Weiterbildungsmöglichkeiten (vgl. Kienbaum 2015, S. 6). Demnach sollten diese Punkte in die Employer Branding Strategie eingearbeitet werden, um attraktiver für die Bewerber zu werden.

Da nicht nur die Bedürfnisse der Talente im Talentmanagement ausschlaggebend sind, sondern zusätzlich die Eignung der Person für das spezifische Unternehmen und die spätere Position entscheidend ist (vgl. Phillips 2014, S. 19), erfolgt eine Eingrenzung in Form einer Optimierung, um der Unternehmensleitung und den Führungskräften als Kunden gerecht zu werden. Damit wird gewährleistet, dass die Talente im Einklang mit den Werten der Unternehmensstrategie gewonnen werden, ein wichtiges Kriterium bei einer BSC. Die Employer Branding Strategie muss mit den Wertvorstellungen des Unternehmens verknüpft werden, die sich aus dem Kompetenzmanagement ableiten lassen (vgl. Deters 2012, S. 65). Dadurch soll sichergestellt werden, dass nicht nur die besten Arbeitskräfte gewonnen werden, sondern zusätzlich diejenigen gefiltert werden, die sich für das Unternehmen am besten eignen. Diese Spezifizierung der Kundenzufriedenheit wird sich durch alle Funktionen des Talentmanagement erstrecken, da das Kompetenzmanagement eine bestmögliche Eignung gewährleistet.

Es ist darüber hinaus darauf zu achten, dass sich die Zufriedenheit auf die Talente beschränkt, um eine adverse Bewerberselektion vorzunehmen. Die Selektion führt zu einer indirekten Kostenreduktion, indem gewünschte und erhaltene Angebote bestmöglich übereinstimmen (vgl. Deters 2012, S. 44-45). Nur Bewerber, die dem Anforderungsprofil entsprechen und strategisch relevant für den Unternehmenserfolg sind, werden durch das Employer Branding angesprochen und bewerben sich (vgl. Deters 2012, S. 59).

Um Talente zu gewinnen ist nicht nur eine attraktive Arbeitgebermarke ausschlaggebend, sondern auch die aktive Suche nach Talenten, sowie der Beziehungsaufbau und der -erhalt. Die aktive Suche und Kontaktpflege mit externen Talenten wird zum weiteren Ziel der Talentgewinnung (vgl. Schrehardt 2012, S. 24).

Zusammenfassend ist das erste Ziel im Talent-Lifecycle die Kundenakquisition durch die Erfüllung der Anforderungen und Bedürfnisse der Talente mit der Ergänzung, dass die Personen auf ihre Eignung für das Unternehmen untersucht werden und advers selektiert werden. Damit werden Unternehmen für Talente attraktiv. Um dann die besten Talente für das Unternehmen zu gewinnen, soll darüber hinaus aktiv nach potenziellen Talenten gesucht werden und der Kontakt gepflegt und erweitert werden.

Um Aussagen zur Wahrnehmung der Arbeitgebermarke zu treffen und diese messbar zu machen, gibt der Platz innerhalb eines Rankings zur Arbeitsgeberattraktivität Auskunft, der gleichzeitig ein Benchmark ist (vgl. Steinweg 2009, S. 3). Außerdem werden regelmäßige Umfragen bei den Bewerbern vorgeschlagen. Die Auswertung zeigt Stärken und Schwächen der Kundenzufriedenheit auf, die als Ausgangspunkt für eine Optimierung genutzt werden kann (vgl. Chhabra/Mishra 2008, S. 55). Die Anteile der Inhalte zu kollegialer Arbeitsatmosphäre, Work-Life-Balance und Entwicklungsmöglichkeiten, die als entscheidend erachtet wurden, müssen evaluiert und gegebenenfalls erhöht werden. Für die aktive Suche und Kontaktpflege im Talent-Relationship Management kann die Anzahl der Talente, die in den Talentpool aufgenommen werden, gemessen werden. Zum anderen können auch Benchmark Studien verwendet werden, um die Leistung zu messen.

Es zeigt sich jedoch, dass die Kennzahlen des Employer Brandings nicht ohne Anpassung im Talentmanagement berücksichtigt werden können. Eine Kennzahl, die das Verhältnis von Kontakten oder Aktivitäten im Hochschulmanagement zur Anzahl der eingehenden Bewerbungen aufzeigt, ist nicht aussagekräftig. Im Talentmanagement ist nicht die Anzahl der reinen Bewerbungen aussagekräftig, sondern die Anzahl der qualitativen Bewerbungen, die nachfolgend als Talent identifiziert werden. Die Kennzahl soll das Verhältnis von Talentbewerbungen zu anderen Bewerbungen messen.

Die Kundenakquisition misst in der BSC die Rate von neuen oder interessierten Kunden des Unternehmens (vgl. Kaplan/Norton 1997, S. 68). Innerhalb der Talentgewinnung lässt sich diese Kennzahl jedoch schwer ermitteln, da Kunden nur Talente und nicht alle Bewerber darstellen und erst in der nachfolgenden Funktion identifiziert werden.

Um die Arbeitgeberattraktivität zu steigern, sollten Maßnahmen getroffen werden, die die oben genannten Anforderungen der Talente im Unternehmen umsetzen. Als attraktiver Arbeitgeber können die Talente im Talent-Relationship Management dann für das Unternehmen gewonnen werden. Da sich 90% der Bewerber auf der Webseite des Unternehmens über den Arbeitgeber informieren und viele qualitative Kontakte über Hochschulmessen geknüpft werden (vgl. Kienbaum 2015, S. 8), sollte hier im Rahmen des Talent-Relationship Managements angesetzt werden, um über eine kollegiale Arbeitsatmosphäre sowie Work-Life-Balance und Entwicklungsmöglichkeiten zu informieren. Die Kontaktpflege mit den Talenten sollte speziell auf der Webseite sowie auf Hochschulmessen optimiert werden und über, für Bewerber relevante und attraktive, Themen informieren. In Kombination sollten die Kompetenzen des Unternehmens aus dem Kompetenzmanagement gleichermaßen vermittelt und vorausgesetzt werden. Mit virtuellen Karrieremessen können externe Bewerber für den Talentpool angeworben werden (vgl. Phillips 2014, S. 19). Durch Veranstaltungen oder das Zusenden von vakanten Positionen können Talente vom Unternehmen überzeugt und gleichzeitig Kontakte mit potenziellen Talenten geknüpft werden (vgl. Deters 2012, S. 269).

Durch die gezielte Positionierung der Arbeitgebermarke und die Ausrichtung auf die Anforderungen von Talenten an ein Unternehmen bei der Talentgewinnung, findet im Rahmen der adversen Selektion eine Vorfilterung für die Funktion der **Identifizierung und Auswahl** statt und die Qualität der Bewerbungen steigt (vgl. Deters 2012, S. 59). Zudem werden im Talent-Relationship Management mögliche Kandidaten für den Talentpool gewonnen. Aufgabe der Identifizierung und Auswahl ist es dann, die Talente zu bewerten, in den Talentpool einzuordnen und möglichweise für eine Position auszuwählen. Die richtige Einschätzung der Person in dieser Funktion ist ausschlaggebend für die Zufriedenheit des Kunden in Form der Unternehmensleitung und den Führungskräften, da eine nicht geeignete Person in einer Position nie so gute Leistung erbringen kann wie eine geeignete Person (vgl. Phillips 2014, S. 19).

Um das Risiko zu reduzieren und den Erfolg zu erhöhen, müssen Bewerber datenbasiert, nicht aufgrund einer subjektiven Einschätzung, identifiziert und ausgewählt werden (vgl. Lux 2013, S. 18). Alle Bewerber sollten eine Leistungs- und Potenzialbeurteilung im Rahmen des Kompetenzmodells durchlaufen, um erstens als Talent identifiziert zu werden, zweitens auf die Passgenauigkeit mit dem Unternehmen untersucht zu werden und drittens Kompetenzen des Talents mit den Anforderungskompetenzen für eine Position abgleichen zu können. Da die Talente für die langfristig ausgelegte Nachfolgeplanung identifiziert und ausgewählt werden und die Positionen ständigen Veränderungen unterliegen, verändern sich auch die Kompetenzen für die jeweilige Position. Deshalb werden die Personen nicht nach spezifischen Kompetenzen beurteilt, sondern auf allgemeine Kompetenzen überprüft, die strategisch relevant sind (vgl. Schrehardt 2012, S. 25). Die Leistung und damit der Erfolg werden nachweislich erhöht, indem das Profil der Person mit der Anforderung an eine Position größtmöglich übereinstimmt (vgl. Lux 2013, S. 18). Ziel des Bereiches der Identifizierung und Auswahl ist dementsprechend eine valide Analyse der Person.

Es ist schwierig für dieses Ziel eine Kennzahl zu entwickeln, da sich das Ziel erst später überprüfen lässt und die Wertzuwächse nicht direkt auf diesen Bereich zurückzuführen sind. Es werden Zeit und Kosten für die Rekrutierung neuer Talente versucht zu minimieren, indem sich im Talentpool schon Personen mit geeigneten Kompetenzen für die Besetzung befinden. Somit können die Transaktionskosten im Sinne von Zeit und Kosten als Messgröße dienen, die es zu minimieren gilt (vgl. Bethke-Langenegger/Mahler/Staffelbach 2011, S. 528).

Externe wie auch interne Mitarbeiter durchlaufen den Beurteilungsprozess, der eine objektive und valide Bewertung enthält, um die Talente für den Talentpool zu identifizieren. Die Herausforderung der Identifizierung und Auswahl besteht darin, unter den möglichen Instrumenten, diejenigen herauszuarbeiten, die am effizientesten sind. Die Literatur listet zahlreiche Instrumente auf, von online basierten Tests über strukturierte Interviews zu einer Kombination beider (vgl. Pick/Uhles 2012, S. 32; Lux 2013, S. 19). Diese messen die Kompetenzen der Person.

Valide Instrumente, die den Kriterien des Talentmanagements wie auch der BSC gerecht werden, haben den Anspruch Personen ganzheitlich zu evaluieren mit dem Schwerpunkt auf den Leistungen und Potenzialen. Zudem soll gleichzeitig die Eignung zum Unternehmen und gegebenenfalls für einzelne Positionen evaluiert werden. Mit einem validen und wissenschaftlich erforschten Instrument, wie beispielsweise dem Leadership Architect, wird das Kompetenzmanagement verkörpert. Das Kompetenzmodell wird aus der Unternehmensstrategie abgeleitet, das Ausgangspunkt für die Kompetenzanalysen ist, womit die Personen nach Kompetenzen zu Leistung und Potenzial bewertet werden (vgl. Pick/Uhles 2012, S. 29). Lernagilität ist dabei eine der führenden strategischen Kompetenzen, die ein Talent mitbringen muss. Lernagilität ist die Fähigkeit von Erfahrungen zu lernen, sich an die Veränderungen anzupassen und Gelerntes umzusetzen (vgl. Dai/De Meuse/Tang 2013, S. 109-111).

Entwicklungsmöglichkeiten für die Talente sind Studien zufolge eine der am höchsten bewerteten Präferenzen, um ihre Zufriedenheit zu steigern (vgl. Phillips 2014, S. 19-20). Um Talente auf einen Einsatz vorzubereiten und für eine Position zu qualifizieren, greift die **Entwicklung** die Differenzen zwischen Soll- und Ist-Profilen auf. Die Ergebnisse der Kompetenzanalyse zur Leistungs- und Potenzialbeurteilung aus vorheriger Funktion werden mit möglichen Anforderungsprofilen auf Differenzen überprüft, mit dem Ziel diese zu minimieren. Um Talente zufrieden zu stellen, sollte es ein breites Angebot geben und die Möglichkeit für individuell abgestimmte Entwicklungen. Somit erfolgt ein Ausgleich individueller Defizite und die Talente erlangen Wertschätzung, was wiederum zur Zufriedenheit beiträgt.

Nach einem bestimmten Zeitraum sollten nach einer Entwicklungsmaßnahme erneut Beurteilungen durchgeführt. Die Testergebnisse der Leistungs- und Potenzialanalyse beschreiben den individuellen Lernerfolg (vgl. Schrehardt 2012, S. 25). Die Differenz zwischen Soll und Ist dient als Kennzahl, um zu zeigen, ob die Maßnahme erfolgreich umgesetzt wurde (vgl. Winkler 2009, S. 126). Die Anzahl der Angebote der Entwicklungsmöglichkeiten als weitere Kennzahl gibt Auskunft über die Breite der Möglichkeiten.

Unterschiedliche Erfahrungen fördern strategisch relevante Kompetenzen, wie Lernagilität. Zudem entwickeln sich mit verschiedenen Erfahrungen eine Bandbreite aus Stärken, Fähigkeiten und erweitertem Wissen, um bessere Leistung zu erbringen (vgl. Dai/De Meuse/Tang 2014, S. 109-110). Maßnahmen zur Entwicklung bieten Arbeitserweiterungsprogramme, individuelle Entwicklung am Arbeitsplatz oder Weiterbildungen in Gruppen.

Sobald die Talente für eine Position qualifiziert sind, wird der **Einsatz** zum kritischen Erfolgsfaktor (vgl. Lux 2013, S. 19).

Die strukturierte Nachfolgeplanung stellt durch die langfristige und lückenlose Besetzung erfolgskritischer Schlüsselpositionen die Leistungserstellung sicher. Das Karrieremanagement beschreibt, wo sich das Talent auf seinem Karriereweg befindet und wie die Zukunft aussehen soll. Die Kombination der unternehmerischen und persönlichen

Ausrichtung als Zielsetzung stellt den optimalen Einsatz sicher. Sie befriedigt sowohl die Kundenwünsche der Führungskräfte und der Unternehmensleitung, indem der Personalbedarf gedeckt wird und darüber hinaus der Einsatz der Talente maximiert wird, als auch der Talente nach dem geeignetsten Arbeitsplatz (vgl. Bethke-Langenegger/Mahler/Staffelbach 2011, S. 528; Lux 2013, S. 19).

Die Leistung des Talents während des Einsatzes kann als Kennzahl dienen. Diese kann mit Umsätzen und Kosten pro Talent ausgedrückt werden (vgl. Walker/MacDonald 2001, S. 372). Eine Risikoabschätzung in der Nachfolgeplanung kann die Wahrscheinlichkeit pro Position abschätzen, in welchem Zeitraum sie wieder vakant wird (vgl. Schrehardt 2012, S. 25).

Das Anforderungsprofil der Position wird aus dem Kompetenzmanagement abgeleitet und mit der Leistungs- und Potenzialbeurteilung aus dem Bereich Identifizierung und Auswahl auf Übereinstimmungen geprüft (vgl. Schrehardt 2012, S. 25). Da sowohl die Kompetenzen der Talente als auch die Anforderungsprofile der Positionen auf dem Kompetenzmanagement aufbauen, wird die bestmögliche Zuordnung der Talente zu den Positionen gewährleistet. Sie wirkt sich positiv auf die Finanzperspektive aus, da die Nutzung der Vermögenswerte maximiert und die Differenzen zwischen Soll- und Ist-Ergebnissen ausgeglichen werden.

Aufgrund zeitlicher Veränderungen und technischem Fortschritt muss eine kontinuierliche Stellenanpassung erfolgen, somit auch eine Überprüfung des Talents, ob die nötigen Kompetenzen weiterhin vorhanden sind. Traditionelle Fach- und Führungskräftekarrieren erfordern ein Umdenken aufgrund wirtschaftlicher Veränderungen zu flexibleren Positionswechseln, beispielsweise in Form internationaler Einsätze, um Karrieren zu gestalten und vakante Positionen mit Talenten zu besetzen. Eine Studie zeigt, dass die meisten Bewerber neben dem Direkteinstieg, ein Traineeprogramm favorisieren (vgl. Kienbaum 2015, S. 10). Um langfristig Talente auf erfolgskritischen Positionen einsetzen zu können, ist es strategisch sinnvoll sie in einem Traineeprogramm als Vorbereitung auf spätere Einsätze auszubilden. Interne Mobilitätsprogramme ermöglichen es, die geeignetste Position im Unternehmen zu finden und fördern zudem Motivation, Leistungsbereitschaft und die Bindung (vgl. Schrehardt 2012, S. 25).

Eine Studie mit über 100 Unternehmen weist nach, dass die **Bindung** einen positiven Einfluss auf die Zufriedenheit im Unternehmen, Motivation und Leistungsbereitschaft hat (vgl. Bethke-Langenegger/Mahler/Staffelbach 2011, S. 524). Die Bindung im Talentmanagement entspricht der Kundentreue sowie dem -erhalt in der BSC. Das Ausscheiden eines Talents ist mit hohen Kosten verbunden. Um ein Talent zu ersetzen, liegt der Kostenfaktor bei anderthalb Jahresgehältern. Wird das Talent gebunden, führt dies zur Kostenreduktion der Finanzperspektive. Für die Bindung ist das Ziel die Kundentreue durch die Befriedigung der Bedürfnisse und Anforderungen der Talente, wie bei der Talentgewinnung. Ziele und Kennzahlen, sowie Maßnahmen lassen sich übertragen und damit größtenteils zusammenfassen, sodass sie nicht nochmals aufgeführt werden (vgl. Chhabra/Mishra 2008, S. 50).

Das Risiko der Abwanderung kann mit der Fluktuationsrate gemessen werden. Diese klassische Kennzahl gilt es zu minimieren, jedoch bezogen auf die Talente. Interne Befragungen geben Auskunft, worauf die Talente Wert legen, um darauf die Bindungsmaßnahmen aufzubauen.

Eine leistungsgerechte Vergütung, die motivationsstärkend wirkt sowie eine ausgeprägte Kommunikations- und Feedbackkultur, die dem Talent das Gefühl gibt, wertvoll für das Unternehmen zu sein, sind bedeutende Maßnahmen (vgl. Chhabra/Mishra 2008, S. 51-52). Kommunikation vermittelt wiederum die Unternehmenskultur (vgl. Korn Ferry Institute 2016, S. 9).

Neben der Kundenzufriedenheit spielen die Marktanteile in der Kundenperspektive eine Rolle. Die Kundenakquisition strebt in der Talentgewinnung danach, neue Talente für das Unternehmen zu gewinnen und damit den Marktanteil zu vergrößern. Die Kundenbindung soll den Erhalt der Kunden sichern, was auf einen Markterhalt hindeutet. Es ist jedoch schwierig im Talentmanagement von Marktanteilen zu sprechen, da es nur einen Bereich des Unternehmens darstellt und die Talente nicht, wie ein externer Kundenstamm in einer Unternehmens-BSC, der Produkte oder Dienstleistungen des Unternehmens kauft, behandelt werden können.

Die Analyse der Kundenperspektive lässt Rückschlüsse auf Ursache-Wirkungsbeziehungen zu.

Die Funktionen des Talentmanagements bedingen sich gegenseitig, da die Ziele der einen Funktion die Maßnahmen einer anderen Funktion darstellen. Die Ziele der Gewinnung am Anfang des Talent-Lifecycles sowie der Bindung werden in der Entwicklung und dem strategischen Einsatz umgesetzt. Durch Entwicklungsmöglichkeiten und der persönlichen Ausrichtung des Einsatzes wird individuell auf die Talente eingegangen, die damit Wertschätzung erhalten und vom Unternehmen überzeugt werden. Die internen Möglichkeiten der Talente werden nach außen getragen, um Talente zu gewinnen und genutzt, um sie zu binden. Je mehr Möglichkeiten den Talenten geboten wird, umso motivierter, leistungsbereiter und zufriedener werden sie, was wiederum positiven Einfluss auf die Ansprüche der Führungskräfte und der Unternehmensleitung hat (vgl. Bethke-Langenegger/Mahler/Staffelbach 2011, S. 524).

Alle Funktionen sind auf den Einsatz ausgerichtet, wodurch die Nachfolgeplanung sowie das Karrieremanagement den Verlauf der anderen Funktionen bestimmen. Eine fortlaufende Ausrichtung an der Nachfolgeplanung und dem Karrieremanagement ist erforderlich, damit eine optimale Abstimmung erzielt wird (vgl. Lux 2013, S. 19). Insgesamt steigt die Qualität der Leistung durch eine Kombination von persönlicher wie auch unternehmerischer Ausrichtung (vgl. Bethke-Langenegger/Mahler/Staffelbach 2011, S. 526-527). Die Ziele sind auf die Kernkennzahl der Kundenzufriedenheit ausgerichtet, die sich aus mehreren Kennzahlen zusammensetzt und somit zu einem Zufriedenheitsindex zusammengefasst werden kann (vgl. Kaplan/Norton 1997, S. 79). Der Zufriedenheitsindex gewichtet die einzelnen Kennzahlen und endet in einer Zahl, die den Grad der Zufriedenheit angibt. Die Kundenzufriedenheit steht an höchster Stelle und wird durch die Kundenakquisition und die –treue bedingt. Mit der Erfüllung der Ziele der Kundenperspektive wird die Kundenrentabilität gesteigert, die die Finanzperspektive positiv beeinflusst (vgl. Kaplan/Norton 1997, S. 69-70).

Die Erfolge der Funktionen mit dem qualitativen Kriterium der Zufriedenheit sind durch Schwierigkeiten in der Messbarkeit geprägt, da sie sich nicht separat messen lassen und Erfolge zeitlich später erfolgen. Zum Beispiel kann die Kundenakquisition, die die Rate der Neukunden, also Anzahl der externen Talente misst, die ins Unternehmen gebracht werden, erst evaluiert werden, nachdem alle externen Bewerber untersucht und gegebenenfalls als Talent identifiziert worden sind. Grundsätzlich zeigen sich die Ergebnisse der Gewinnung erst in der Auswertung der Identifizierung von externen Talenten. Des Weiteren ist in der Identifizierung und Auswahl noch nicht erkennbar, inwieweit das Talent später im Einsatz erfolgreich sein wird.
Generell können alle Aktivitäten im Talent-Lifecycle mit Befragungen oder Benchmark Studien gemessen werden. Es kann eine Befragung zum gesamten Talent-Lifecycle erfolgen, unterteilt in Funktionen. Des Weiteren können Befragungen zur Person aufge-

setzt werden, die Rückschlüsse auf deren Kompetenzen zulassen (vgl. Beatty/Huselid/Schneier 2003, S. 111; Winkler 2009, S. 126).

4.2.3 Interne Prozessperspektive

Studien beweisen, dass erfolgreich eingesetzte Talentmanagementsysteme die Erreichung der Unternehmensziele sichern und die Profitabilität steigern (vgl. Steinweg 2009, S. 12; I4cp 2015, S. 5). Valide Instrumente und konsistente Prozesse entscheiden über den Erfolg (vgl. Schrehardt 2012, S. 24; Lux 2013, S. 38) und sparen Kosten (vgl. Phillips 2014, S. 18).

Die isoliert betrachteten Funktionen aus der Kundenperspektive gilt es in dieser Perspektive systematisch in einen Prozess zu binden, um eine erfolgreiche Umsetzung des gesamten Talentmanagements zu gewährleisten. Abgeleitet aus der BSC eines Unternehmens ist es auch das Ziel des Talentmanagements, die Prozesse zu optimieren. Die Optimierung der Prozessqualitäten erfolgt in Form der Definition und Koordination von Prozessen.

Die Basis aller Prozesse ist dabei das Kompetenzmanagement, um sicherzustellen, dass die Werte des Talentmanagements im Einklang mit der Unternehmensstrategie sind.

In der Zeit der Digitalisierung und dem technischen Fortschritt gibt es zahlreiche Instrumente, die Prozesse abbilden. Statistisch zuverlässige Instrumente waren früher kostspielig, sind aber mittlerweile webbasiert und zeichnen sich durch Schnelligkeit, Vergleichbarkeit und geringe Kosten aus (vgl. Lux 2013, S. 18). Technologien und Software-Lösungen haben sich für die Prozesssteuerung bewiesen, jedoch zeigt eine globale Studie, dass nur 30% der Unternehmen integrative Technologien nutzen (vgl. I4cp 2015, S. 5).

Die Kennzahlen konzentrieren sich auf die Prozesse mit dem größten Einfluss auf die Kundenzufriedenheit (vgl. Kaplan/Norton 1997, S. 25). Als Kennzahl für die Prozessqualitäten dient die Messung der Kosten sowie der Zeit für die Durchführung von Maßnahmen. Zeit- und Qualitätsstandards müssen definiert werden, die die Prozesse messbar machen. Durchlaufzeiten und Bearbeitungszeiten, können im Talentmanagement in Form von Zeit, die benötigt wird, um vakante Position wieder zu besetzen, aufgestellt werden. Die Prozesskostenrechnung, die schon bei den Ausführungen zur Unternehmens-BSC aufgezeigt wurde, kann auch hier Verwendung finden und die Prozesse in Kennzahlen ausdrücken (vgl. Kaplan/Norton 1997, S. 108-109).

Der Umsatz pro Mitarbeiter sollte steigen, da die Prozesse effizienter werden und der Aufwand der Mitarbeiter gleichzeitig geringer. Dies lässt sich jedoch nicht direkt auf die interne Prozessperspektive zurückführen. Benchmarking gibt Aufschluss über die Effizienz des Systems im Vergleich (vgl. I4cp 2015, S. 3). Walker und MacDonald (2001, S. 372) schlagen Kennzahlen, wie Kosten pro Transaktion oder den Prozentsatz der Produktivitätsverbesserung, im Talentmanagement der Dienstleistungsverbesserung, vor.

Der richtige Einsatz der Technologie für die Prozessorganisation zeigt sich, wenn fundierte Auswertungen erstellt werden können. Ein kompatibles System mit einer konsistenten Datenbank, das den gesamten Prozess in einem Element integriert, muss eingeführt werden (vgl. Deters 2012, S. 215). Der Prozess des Talent-Lifecycles wird definiert und standardisiert, um Fehler zu vermeiden und Transparenz zu schaffen. Gleichzeitig ist der Prozess flexibel und kann jederzeit angepasst werden, sobald sich die Einflussfaktoren verändern und beispielsweise bessere Systeme integriert werden können oder Aktivitäten verändert werden. Cloudbasierte Instrumente, wie SuccessFactors, bieten Software-Lösungen, die analytisch effizient arbeiten und die Produktivität steigern (vgl. I4cp 2015, S. 4). Das Softwareprogramm sollte für die Ausrichtung auf die Unternehmensstrategie in die restlichen Geschäftsprozesse integriert werden. Durch Digitalisierungsprozesse sind alle Prozessdaten im System hinterlegt, sodass jederzeit alle Daten in allen Funktionen des Talentmanagements zur Verfügung stehen und genutzt werden können. Dies ermöglicht die Erhebung von relevanten Daten für Auswertungen und langfristige Vorhersagen. Automatisierungsprozesse reduzieren den administrativen Aufwand und verkürzen gleichzeitig die Prozesszeiten. Zum Beispiel durch elektronisch unterstützte Bewerbungsprozesse (vgl. Deters 2012, S. 87-88).

Die BSC eines Unternehmens unterteilt drei Hauptgeschäftsprozesse (vgl. Kaplan/Norton 1997, S. 92-93), im Talentmanagement sind alle Prozesse im Talent-Lifecycle, dem Kundendienstprozess, vereint. Die Talentgewinnung startet den Kreislauf des Talentmanagements. Schon der erste Kontakt mit den Talenten muss in den Prozess eingegliedert werden, um eine ganzheitliche Abwicklung der Prozesse zu gewährleisten (vgl. Winkler 2009, S. 31). Die Beurteilungen der Talente aus der Identifizierung und Auswahl geben in der Entwicklung Auskunft über Entwicklungsbedarfe. Die Entwicklungsplanung wird auf einen möglichen Einsatz ausgerichtet und findet sich in der Nachfolgeplanung und im Karrieremanagement wieder (vgl. Creelman 2015, S. 17). Alle Daten werden fortlaufen ausgewertet und dienen der Nachfolgeplanung.

Im hinterlegten System zur Prozesskoordination muss, für eine zeitlich langfristige Abstimmung mit der Unternehmensstrategie, das Kompetenzmanagement integriert werden. Zudem müssen die Prinzipien der Funktionen im Talentmanagement festgehalten und aufeinander abgestimmt werden. Diese definieren die Prozesswege für eine lückenlose Wertschöpfungskette der internen Prozesse (vgl. Kaplan/Norton 1997, S. 89). Beispielsweise wird in der Entwicklung festgelegt, wie oft die Talente evaluiert werden. Die Nachfolgeplanung bestimmt Prinzipien, nach denen eine Position besetzt wird, wie Leistungs- oder Senioritätsprinzipien (vgl. Deters 2012, S. 156). Somit unterliegen Entscheidungen nicht der Subjektivität einer Person, sondern das Talentmanagement erlangt Transparenz und Objektivität.

Die Verbesserung von Prozessqualitäten durch strategische Prozessdefinition und – koordination ergeben durch verbesserten Service zufriedenere Kunden in der Kundenperspektive. Des Weiteren werden durch die technologische Unterstützung und den administrativen Einsparungen, Kosten gesenkt und die Vermögenswerte maximiert. Die Digitalisierung geht über die Verfügbarkeit von Daten hinaus und liefert den Verantwortlichen ein Instrument, das Entscheidungsprozesse unterstützt (vgl. Goswami 2014, S. 364). Im Allgemeinen verändert die Digitalisierung die Steuerung von Daten. Die Messbarkeit erhöht sich. Daten und Auswertungen können schneller und einfacher erstellt werden, weil die Quantität und Qualität der bereitgestellten Informationen bedeutend zunimmt. Die grundsätzliche Umsetzung personeller Maßnahmen bis hin zu Echtzeit-Maßnahmen wird beschleunigt (vgl. Strohmeier 2016, S. 24-25). Die interne Prozessperspektive bewahrt in der BSC als Instrument zur Evaluation die Ganzheitlichkeit und vermeidet einen falschen Fokus. Die Prozessorganisation der BSC eines Unternehmens wird im Talentmanagement um talentspezifische Instrumente ergänzt, wie das Kompetenzmanagement. Die Technologie ist die Basis für Controlling-Auswertungen, die in der gesamten BSC die erwarteten Kennzahlen liefert, um Ziele zu überprüfen und Maßnahmen zu entwickeln oder anzupassen sowie genauere Vorhersagen und Entscheidungen zu treffen (vgl. Creelman 2015, S. 17). Damit dient die interne Prozessperspektive den Endzielen der Finanzperspektive.

4.2.4 Lern- und Entwicklungsperspektive

Ein systematisches Talentmanagement mit effizienten Prozessen alleine führt nicht zum Erfolg. Die interne Prozessperspektive gibt die Möglichkeit analytische Instrumente zu nutzen, die Lern- und Entwicklungsperspektive hingegen beschreibt Potenziale für die Nutzung sowie die Erweiterung. Die Prozesse müssen geleitet, analysiert und angepasst werden. Die Mitarbeiter des Talentmanagements müssen Daten verarbeiten und auswerten können, um Entscheidungen zu treffen, die Einfluss auf den Unternehmenserfolg haben. Die Daten aus dem systematischen Talentmanagement kombiniert mit der Technologie aus der Prozessperspektive stellen dem Mitarbeiter des Talentmanagements Wissen zur Verfügung mit dem Ziel, die Prozesse und damit die Kundenzufriedenheit weiterzuentwickeln und zu verbessern (vgl. I4cp 2015, S. 1).

Aufgrund der ständigen Veränderungen der Umwelt muss das Talentmanagement lernen und wachsen, um mit den Veränderungen mithalten zu können. Im Folgenden gilt es die zwei Hauptkategorien zu untersuchen: die Mitarbeiterpotenziale und die Potenziale von Informationssystemen (vgl. Kaplan/Norton 1997, S. 121).

Unmotivierte oder schlecht ausgebildete Mitarbeiter erfüllen die Anforderungen zur optimalen Ausführung eines Bereiches nicht und es besteht keine Option die Aktivitäten des Talentmanagements effizient und erfolgsstrebend durchzuführen. Dies führt auch bei noch so guten Prozessen und Systemen zu geringeren Umsätzen und vermindert die finanzielle Leistung. Die Mitarbeiter eines Talentmanagement nehmen damit eine entscheidende Position ein (vgl. Collings 2014, S. 306). Sie sind nicht nur für existierende Prozesse verantwortlich, sondern müssen die Fähigkeit mitbringen, neue Prozesse für eine optimale Kundenzufriedenheit zu identifizieren (vgl. Kaplan/Norton 1997, S. 25). Das Potenzial der Mitarbeiter zeigt, wie gut die Daten von ihnen verarbeitet und genutzt werden können, um möglichst genaue Prognosen und detaillierte Auswertungen zu erstellen. Um den ständigen Veränderungen der Umwelt, wie dem technischen Fortschritt oder der Internationalisierung zu begegnen und die Mitarbeiter auf die Herausforderungen vorzubereiten, ist das erste Ziel dieser Perspektive somit die stetige Qualifikation des Personals. Des Weiteren wird die Produktivität eines Mitarbeiters durch die Motivation gesteigert, die es zu fördern gilt. Eine hohe Mitarbeitermotivation steigert das Qualifikationsniveau zusätzlich (vgl. Kaplan/Norton 1997, S. 121-126).

An Kennzahlen zur Personalproduktivität aus dem Kompetenzmodell kann die Qualifikation eines Mitarbeiters messbar gemacht werden. Die Anzahl und Breite der Weiterbildungen geben Auskunft, wie und ob die Mitarbeiter gefördert werden. Die Motivation schlägt sich unter anderem in der Bereitschaft zu Überstunden, dem durchschnittlichen Krankenstand oder der Loyalität sowie der Länger der Unternehmenszugehörigkeit nieder.

Zur Steigerung der Qualifikation sollten die Mitarbeiter Weiterbildungen durchlaufen (vgl. Kaplan/Norton 1997, S. 122), um sich aktuelle Entwicklungen im Talentmanagement anzueignen. Informationszufuhr und Potenzialanalysen verbessern die Qualifikation (vgl. Kaplan/Norton 1997, S. 126-130). Das Kompetenzmanagement wird nicht nur bei den Talenten verwendet, sondern gibt auch Auskunft über die Mitarbeiter selber. Mit Leistungs- und Potenzialbeurteilungen, wird untersucht, welche Kompetenzen die Mitarbeiter besitzen und welche ihnen für die Weiterentwicklung des Talentmanagements fehlen. Um sich an die ständig wandelnden Bedingungen anzupassen und aufzuschließen, muss ein Mitarbeiter flexibel und vor allem lernagil sein. Lernagilität ist nicht nur für die Talente eine wichtige Eigenschaft, sondern befähigt auch die Mitarbeiter mit neuen Herausforderungen erfolgreich umzugehen (vgl. Dai/De Meuse/Tang 2013, S. 110-112).

Möglichkeiten zur Weiterbildung sind Maßnahmen, in denen Mitarbeiter beispielsweise zu aktuellen Trends zum Employer Branding geschult werden, um die Talentgewinnung zu optimieren. Der steigende Einsatz von virtueller Kommunikation wird vermittelt und es wird von den Mitarbeitern erwartet, dass sie diese Erkenntnisse umsetzen und die Prozesse von morgen gestalten (vgl. Goswami 2014, S. 371-378). Mit der Einführung von neuen Technologien und Prozessen sollte gleichzeitig eine Weiterbildung der Mitarbeiter erfolgen, um sie zur optimalen Nutzung zu befähigen. In möglichen Umfragen können die Mitarbeiter bewertet werden, um Informationen darüber zu erlangen, welche Verbesserungen durch die Mitarbeiter des Talentmanagements erwünscht sind. Daran anknüpfend können die Mitarbeiter weitere Entwicklungen durchlaufen, die Potenziale der Mitarbeiter werden ausgeschöpft und schlussendlich die Talente zufriedener gestellt, indem ihnen ein besserer Service geboten wird.

Die Anpassungsfähigkeit aus der Kompetenz der Lernagilität kombiniert mit analytische Stärken sollte die Basis für die Beurteilungen sein und die Entwicklung sollte darauf aufbauen. Somit können die Mitarbeiter die Veränderungen der Umwelt in das Talentmanagement einarbeiten und erfolgreich reagieren. Es wird ihnen möglich Kennzahlen aufzuzeigen und darüber hinaus Antworten auf Unternehmensfragen geben zu können (vgl. I4cp 2015, S. 5-8). Das Talentmanagement erlangt an Messbarkeit und damit steigt die Akzeptanz.

Die Führungskräfte sind im Talentmanagement zum einen Kunden oder Talente. Zum anderen sind sie aber auch auf bestimmte Art Mitarbeiter des Talentmanagements, da sie für die Funktionen der Identifizierung und Auswahl bei internen Mitarbeitern sowie der Bindung mitverantwortlich sind und die Talentstrategie umsetzen. Weiterhin gehört die Schaffung der Unternehmenskultur zu einer der wichtigsten Aufgabe der Führungsebene (vgl. Korn Ferry Institute 2016, S. 3). Demnach müssen auch sie, wie die Mitarbeiter des Talentmanagements, qualifiziert und damit weitergebildet werden.

Die Potenziale der Informationssysteme sind ein weiterer wichtiger Abschnitt dieser Perspektive. Nicht nur die Mitarbeiter müssen flexibel und anpassungsfähig sein, sondern auch die Systeme müssen sich zusammen mit dem Mitarbeiter an die wandelnden Bedingungen anpassen und entwickeln können. Die Systeme unterliegen keinem starren Prozess. Ziel ist es, die statistisch validen Technologien und Prozesse so flexibel wie möglich zu gestalten, um den Zugang zu Informationen zu vereinfachen und damit auch zu verbessern (vgl. I4cp 2015, S. 4-11). Die Produktivität der Systeme dient als Kennzahl.

Um die Potenziale für die Informationssysteme zu erkennen, muss der Bedarf analysiert werden. Es wird untersucht in welche Richtung sich die Umwelt verändert, um dies auf die Systeme übertragen zu können. Dafür müssen externe Daten aus Erkenntnissen der Forschung sowie Aussagen zu Trends in die Systeme eingebaut werden. Studien zeigen, dass durch diese Möglichkeit das Risiko zurück geht und die Voraussagen genauer werden, da die Systeme direkt auf externe Veränderungen reagieren (vgl. I4cp 2015, S. 7).

Um die Infrastruktur eines Unternehmens auszubauen, werden Mitarbeiter wie auch die Systeme des Talentmanagements mit den ständigen Veränderungen der Umwelt abgeglichen und angepasst. Unter anderem müssen die Chancen des technischen Fortschritt von den Mitarbeitern erkannt und im Talentmanagement implementiert werden (vgl. Winkler 2009, S. 18-19). Durch die Potenziale der Mitarbeiter können die Systeme besser genutzt werden. Im Gegenzug können durch verbesserte oder neue Informationssysteme auf dem Markt, die Mitarbeiter diese effizienter nutzen, sodass das Talentmanagement lernt und wächst und somit das gesamte Talentmanagement profitiert. Die Lernkultur bildet damit die Basis für die erfolgreiche Ausführung der Prozesse (vgl. Steinweg 2009, S. 1).

Die Literatur des Talentmanagements bietet hier nur wenige Informationen zur Analyse, wodurch die Ergebnisse sehr allgemein gehalten sind und sich an die inhaltlichen Erkenntnisse aus der BSC anlehnen. Dies liegt unter anderem daran, dass die Erkenntnisse des Talentmanagements nicht einheitlich sind und keine Einigkeit besteht, in welche Richtung der Bereich sich dauerhaft entwickeln und verbessern soll.

4.3   Diskussion der Ergebnisse

In dieser Arbeit bildet keine konkrete Unternehmensstrategie den Ausgangspunkt, aus der eine konkrete Talentstrategie entsteht, sondern das Oberziel des Talentmanagements, die richtigen Personen für die richtigen Positionen zu finden, wird zur Talentstrategie. Dies führte zu einigen Einschränkungen bezüglich der Ausrichtung auf die Unternehmensstrategie, da in einer Unternehmens-BSC mit der Definition der Unternehmensstrategie bestimmt wird, wie die Ziele erreicht werden. In einer Bereichs-Scorecard, in diesem Fall der Talent-BSC, werden mit der Talentstrategie, die Ziele des Talentmanagements bestimmt. Der Bezug zur Unternehmensstrategie wird vernachlässigt. Walker und MacDonald (2001, S. 368) haben, um dieses Problem zu lösen, in ihrer HR-BSC anstatt einer Lern- und Entwicklungsperspektive eine strategische Perspektive eingeführt, die die Verbindung zur Unternehmensstrategie gewährleistet.

Die Ziele in dieser Analyse leiten sich aus der Strategie des Talentmanagements ab, sodass die Unternehmensstrategie wenig Einfluss hat. Es steht zur Diskussion, ob unterschiedliche Unternehmensstrategien die Ausführungen in der BSC bezüglich der Ziele des Talentmanagements ändern würden, da das Talentmanagement immer die Strategie verfolgt, die richtigen Personen für die richtigen Positionen zu finden. Verfolgt das Unternehmen beispielsweise eine Wachstumsstrategie, wird die Analyse mit der BSC als Instrument zur Evaluation des Talentmanagements weiterhin an der gleichen Talentstrategie festhalten.

Es steht jedoch außer Frage und gilt als Grundvoraussetzung, dass das Talentmanagement im Einklang mit den Werten der Unternehmensstrategie sowie der -kultur agieren muss, um langfristig erfolgreich zu sein. Die Kompetenzen des Unternehmens, und damit die Werte, Vorstellungen und Normen spiegeln sich im Kompetenzmanagement wider und sind für ein strategisches, an den Anforderungen des Unternehmens ausgerichteten, Talent Management unabdingbar (vgl. Steinweg 2009, S. 1). Im Talent-Lifecycle stellt das Kompetenzmanagement mit den Kompetenzen des Unternehmens den Ausgangspunkt dar und beeinflusst alle Funktionen (vgl. Phillips 2014, S. 18). Das Talentmanagement arbeitet somit indirekt im Einklang mit der Unternehmensstrategie, indem es die Kompetenzen des Unternehmens verarbeitet. Damit spielt das Kompetenzmanagement eine wichtige Rolle bei der Erstellung der BSC, wird jedoch in den traditionellen Perspektiven nur wenig berücksichtigt.

Um einen größeren Fokus auf den Bezug zum Unternehmen zu legen, erscheint es sinnvoll, für das Kompetenzmanagement eine zusätzliche Perspektive einzuführen, die den Bezug zur Unternehmensstrategie herstellt. Die Perspektive als „Perspektive der Kompetenzen" hat dann die Aufgabe und das Ziel, das Kompetenzmanagement aufzuzeigen und so eine Kompetenzstrategie im Talentmanagement zu entwickeln, die die Sprache der Unternehmensstrategie ist. Die Kompetenzstrategie hat die Aufgabe das Talentmanagement auf die Unternehmensstrategie auszurichten, indem es die Kompetenzen des Unternehmens, abgeleitet aus der Unternehmensstrategie, verkörpert (vgl. Goswami 2014, S. 364-365). Diese Kompetenzen werden auf das gesamte Talentmanagement ausgerollt, sodass auch die Talente im Einklang mit den Kompetenzen des Unternehmens sind. Zudem hält das Kompetenzmanagement idealerweise das Wachstumslevel fest, was für die Entwicklung der Talente ausschlaggebend ist und zudem Anforderungen an die Lern- und Entwicklungsperspektive stellt, inwieweit Mitarbeiter und auch Informationssysteme wachsen müssen. Somit kann eine Wachstumsstrategie des Unternehmens Auswirkungen auf das Talentmanagement haben. Weiterhin beinhaltet es nicht nur die Kompetenzen, sondern auch beispielhafte Ausführungen für gute und schlechte Ausprägungen der jeweiligen Kompetenzen. Studien zeigen, dass der Fokus nicht nur auf den Kompetenzen liegt, sondern auch die hemmenden Fähigkeiten betrachtet werden müssen. Denn das Vorhandensein von hemmenden Fähigkeiten und nicht die Abwesenheit von nötigen Kompetenzen sind oft für Einschränkungen verantwortlich (vgl. Pick/Uhles 2012, S. 29-30).

Das Kompetenzmanagement wird zum Ausgangspunkt aller Aktivitäten im Talentmanagement und stellt den Mittelpunkt im Konzept der BSC dar. Nachweislich führt die Integration des Kompetenzmanagements zu einer gesteigerten finanziellen Leistung. Ein Kompetenzmanagement muss mit der Einführung des Talentmanagements jedoch in den meisten Unternehmen nicht von Grund auf eingeführt werden. Die Werte, Vorstellungen und Normen sind meistens bereits vorhanden und müssen dann in der Entwicklung der Talent-BSC im Kompetenzmanagement eingeordnet werden (vgl. Pick/Uhles 2012, S. 29).

Beispielsweise werden die Beschreibungen der Positionen aus dem Kompetenzmanagement entwickelt, sodass bei der Wahl der richtigen Person nach den Kompetenzen des Unternehmens gesucht wird. Bei der Identifizierung und Auswahl im Talent-Lifecycle werden nicht nur strukturierte Interviews geführt, sondern auf Unternehmenskompetenzen basierende Interviews (vgl. Pick/Uhles 2012, S. 32). Kompetenzen der Talente und des Unternehmens gleichen sich an, sodass eine Unternehmenskultur entsteht, die auf die Unternehmensziele ausgerichtet ist.

Neben dem Kompetenzmanagement erfolgt die Umsetzung der Strategie durch eine offene Kommunikations- und Feedbackkultur, die von den Führungskräften auf die Belegschaft ausgerollt wird (vgl. Deters 2012, S. 31).

Die Führungskräfte sind in allen Funktionen des Talentmanagements in der Kommunikation mit den Talenten für die Vermittlung der Unternehmensstrategie und -kultur zuständig. Die Führungskräfte wurden, angelehnt an die HR-BSC, als Kunden mit dem Anspruch, dass in ihren Bereichen die richtigen Personen für die richtigen Positionen ausgewählt werden, identifiziert. Sie können weiterhin Talente sein, da sie erfolgskritische Positionen besetzen und den Talent-Lifecycle durchlaufen. Jedoch sind sie gleichzeitig auch für andere Talente verantwortlich und beurteilen diese, wodurch sie bei der Ausführung der Aufgaben im Talentmanagement mitwirken. Damit wirken sie auf zahlreichen Ebenen im Talentmanagement mit und dürfen nicht vernachlässigt werden.

Zudem wird in dieser Arbeit von einem allgemeinen Talent-Lifecycle ausgegangen. Im Prozess der Entwicklung einer Bereichs-BSC ist der Ausgangspunkt oftmals ein bereits bestehender Bereich, der beleuchtet wird und durch die Anwendung der BSC optimiert wird. In der Prozessperspektive wird der momentane Prozess dann analysiert und an der Ausgangssituation angesetzt, um Verbesserungen vorzunehmen (vgl. Creelman 2015, S. 17). Dadurch wird die Entwicklung der BSC vereinfacht und zudem spezifisch. In dieser Arbeit können deshalb keine Kennzahlen mit konkreten Zielwerten aufgestellt werden. Die Kennzahlen der Analyse bieten einen hilfreichen Anhaltspunkt, der unternehmensspezifisch gefüllt werden kann. Dadurch wird die Kennzahl transparent und überprüft den Grad der Zielerreichung.

Weiterhin werden die Talente nicht differenzierter betrachtet, sondern nur in interne und externe Talente unterteilt, wodurch Unterschiede bezüglich der Altersgruppen o. ä. nicht behandelt werden.

Die Schwierigkeiten der Messbarkeit des Personalbereichs, bleiben auch im Talentmanagement bestehen, da unmittelbar zu erkennende Wertzuwächse nicht, wie beispielsweise in der Produktion, festzumachen sind. Indikatoren zur Messung von weichen Faktoren, wie der Zufriedenheit der Mitarbeiter, sind nur indirekt möglich. Alle qualitativen Kriterien lassen sich, wie auch in der Kundenperspektive angedeutet, in Form von Benchmarks oder Umfragen messbar machen (vgl. Beatty/Huselid/Schneier 2003, S. 111). Die genannten Kennzahlen der Analyse sollen, mit der Festlegung von unternehmensspezifischen Soll- und Ist-Werten, Hinweise geben, um Entwicklungen frühzeitig zu erkennen und Maßnahmen beurteilen zu können.

Mit der langfristigen Ausrichtung des Talent-Lifecycles, zeigt sich erst nach dem Einsatz des Talents, ob es die richtige Person für die Position bzw. die richtige Position für die Person war. Dieser Herausforderung kann die BSC nicht mit einer Kennzahl gerecht werden, jedoch haben sich Kennzahlen für die einzelnen Schritte auf dem Weg zum Einsatz in der Analyse entwickelt.

Dennoch setzt die BSC als Instrument für die Evaluation wesentliche Zielsetzungen um. Kaplan und Norton (1997, S. 34-35) weisen darauf hin, dass ein Bereich eine BSC benötigt, wenn der Bereich eine Strategie sowie Kunden und interne Prozesse hat oder haben sollte, damit die Strategie umgesetzt werden kann. Das Talentmanagement hat eine Talentstrategie, die Talente als Kunden und interne Prozesse in Form der Funktionen des Talentmanagements. Durch die Einteilung der Perspektiven werden die Ziele des Talentmanagements ausgewogen verfolgt. In der Analyse werden aufgrund der BSC nicht nur finanzielle Größen betrachtet, sondern auch die nicht-finanziellen Größen geben über den Mehrwert des Talentmanagements Auskunft. Indem das Talentmanagement Leistungen und Potenziale betrachtet, wird zukunfts- und vergangenheitsorientiert gearbeitet. Im Talentmanagement ist die Zukunftsorientierung für die Nachfolgeplanung besonders wichtig, mit den Ausführungen der Perspektiven können Fehlentwicklungen frühzeitig erkannt und gegebenenfalls gegengesteuert werden. Strategische und operative Ziele sowie Maßnahmen werden gleichermaßen berücksichtigt, wobei die strategischen Anforderungen in der Kundenperspektive, die operativen in der internen Prozessperspektive zu finden sind. Die Analyse in der internen Prozessperspektive entwickelt das Talentmanagement zu einem integrativen Talentmanagement.

Das Talentmanagement ist sehr kundenlastig und serviceorientiert, wodurch die Kundenperspektive der Talent-BSC sehr umfangreich analysiert worden ist und die Ziele der einzelnen Funktionen abdeckt, die alle auf die Zufriedenheit der Talente ausgerichtet sind. Die Unternehmens-BSC hat viele Facetten zu berücksichtigen, hat jedoch einen Kundenschwerpunkt und ist folglich für die Evaluation des Talentmanagements geeignet. Ein Schwerpunkt auf die Talente führt nachweislich zu einer größeren Übereinstimmung zwischen Unternehmen und den Talenten wie auch zu einer besseren Gesamtleistung (vgl. Collings 2014, S. 301).

Die Analyse stellt das Konzept des Talentmanagements umfassend dar und beleuchtet die unterschiedlichen Blickwinkel der Perspektiven. Für jede Perspektive konnten Ziele gefunden werden, die sich aus der Anforderung der Perspektive und den Inhalten des Talentmanagements ergeben haben.

Es entsteht mehr ein Managementsystem als ein Kennzahlensystem, das die Ursache-Wirkungszusammenhänge beschreibt, wodurch ein Konzept der Strategieverfolgung entsteht.

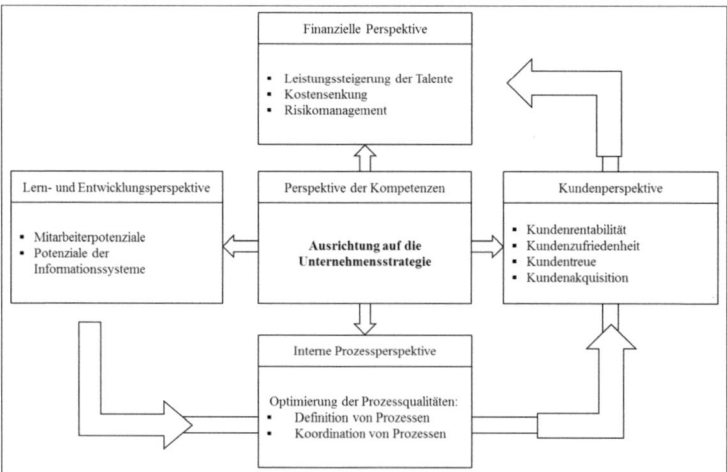

Abb. 2: Die Zusammenhänge in einer Talent-BSC (in Anlehnung an: Beatty/Huselid/Schneier 2003, S. 109)

Abbildung 2 stellt ein mögliches Ursache-Wirkungsschema mit den Ergebnissen der Analyse dar. Das Kompetenzmanagement befindet sich in der Mitte als Ausgangspunkt und dient somit der strategischen Ausrichtung auf die Unternehmensstrategie.

Die große Herausforderung des Talentmanagement ist die langfristige Deckung des Personalbedarfs. In der Nachfolgeplanung ist es die Aufgabe der Mitarbeiter des Talentmanagements zu kalkulieren, welche erfolgskritischen Positionen in den nächsten Jahren vakant werden. Der Ursprung für die Aktivitäten liegt in den Potenzialen innerhalb des Talentmanagements, die in der Lern- und Entwicklungsperspektive betrachtet wurden. Mitarbeiter und Informationssysteme müssen in der Lage sein die Daten zu verarbeiten und auszuwerten. Optimale Ergebnisse ergeben sich aus einer bestmöglichen Qualifikation und Abstimmung beider. Mit Hilfe der Prozessdefinition und -koordination zur Optimierung der Prozessqualitäten in der internen Prozessperspektive können Zeiten verkürzt werden, indem Standardprozesse eingeführt werden, die digitalisiert und automatisiert ablaufen. Zudem wird die Qualität des Services erhöht, was direkte Auswirkungen auf die Zufriedenheit der Talente hat. Die Kundenakquisition sowie die Kundentreue sind wichtige Meilensteine auf dem Weg zur Kundenzufriedenheit. Die Zufriedenheit in der Kundenperspektive steigert die Kundenrentabilität mit Auswirkungen auf die finanzielle Perspektive, da die Leistung der Talente gesteigert wird.

5　Fazit

Die heutigen Veränderungen, wie Globalisierung und demografischer Wandel, stellen Unternehmen vor enorme Herausforderungen. Dem daraus resultierenden Mangel an Fach- und Führungskräften kann mit der Implementierung eines strategisch effizienten Talentmanagement-Konzepts begegnet werden. Die BSC als Instrument der Evaluation verleiht dem Talentmanagement Akzeptanz als Wertschöpfung, indem ein transparentes Schema mit Ursache-Wirkungsbeziehungen erstellt wurde. Das Talentmanagement wird mithilfe der BSC darauf ausgerichtet, die Talente „strategiekonform für gegenwärtige und zukünftige Herausforderungen optimal zu nutzen" (Steinweg 2009, S. 1).

Die BSC gibt in der Lern- und Entwicklungsperspektive Auskunft darüber, welche Qualifikationen und Kenntnisse sowie Systeme benötigt werden, um mit den Veränderungen der Umwelt mitzuhalten. In der internen Prozessperspektive werden die Prozesse definiert, um eine optimale operative Umsetzung zu gewährleisten und Kunden möglichst zufrieden zu stellen. Die BSC verdichtet die Vielzahl an Informationen und vermittelt einen konkreten Überblick über relevante Zielsetzungen sowie Zusammenhänge. Durch die Ausrichtung auf die finanzielle Perspektive im Ursache-Wirkungsschema lassen sich Aussagen zur finanziellen Leistung treffen. Mit der Einführung einer weiteren Perspektive, die das Kompetenzmanagement widerspiegelt, wird ein direkter Bezug zu den Werten der Unternehmensstrategie erstellt und die Umsetzung der Strategie ermöglicht.

Die BSC gewährleistet eine ganzheitliche und ausgewogene Steuerung des Talentmanagements, da nicht nur finanzielle Messgrößen mit einbezogen werden, sondern der Fokus auf der Zufriedenheit der Talente liegt. Das Talentmanagement liefert damit einen wesentlichen Beitrag zum Unternehmenserfolg, da zufriedene Talente mehr Leistung erbringen.

Erfolgreiches Talentmanagement zeichnet sich durch ein Konzept aus, dass eng mit der unternehmerischen Leistung verbunden ist und einen Beitrag zur Strategieerfüllung liefert (vgl. Phillips 2014, S. 17). Als Steuerungsinstrument mit klaren Zielvorgaben lässt die BSC Rückschlüsse auf die Qualität und den Wertbeitrag des Talentmanagements zum Unternehmenserfolg zu. Das Talentmanagement wird somit als entscheidender Wettbewerbsfaktor wahrgenommen.

Die Entwicklung einer BSC regt zur intensiven Auseinandersetzung mit den Zielen und Prozessen des Talentmanagements an. Prozesse müssen definiert und koordiniert werden, wodurch das Talentmanagement seine Transparenz erhält und messbar wird. Die Messbarkeit wird durch die qualitativen Kriterien und größtenteils weichen Faktoren erschwert. Dadurch bildet die BSC weniger ein Kennzahlensystem, sondern mehr einen strategischen Rahmen für das Talentmanagement. Mit Hilfe der BSC werden die Entscheidungsprozesse unterstützt.

Zukünftig sollten die Gegebenheiten des Talentmanagements weiter untersucht werden und unternehmensspezifische und situationsabhängige Kennzahlen eingeführt werden. Weiterhin sollte die Zielgruppe der Talente differenzierter betrachtet werden, um die Bedürfnisse konkreter bedienen zu können (vgl. Deters 2012, S. 49). Um ein strategisch effizientes Talentmanagement mit ständiger Evaluation zu gewährleisten, müssen die Veränderungen verfolgt und in der BSC als Instrument zur Evaluation fortlaufend angepasst werden. Beispielsweise müssen die Kompetenzen des Kompetenzmanagements an neue Gegebenheiten angepasst werden, da sich die Einsätze der Talente verändern.

Um die Herausforderung des Talentmanagements, die richtigen Talente zur richtigen Zeit in den passenden Positionen einzusetzen, meistern zu können, liefert die BSC einen wichtigen Beitrag.

Literaturverzeichnis

Ackermann, Karl-Friedrich (2000): Balanced Scorecard für Personalmanagement und Personalführung, 1. Aufl., Wiesbaden 2000

Ariss, Akram Al/Cascio, Wayne F./Paauwe, Japp (2014): Talent management: Current theories and future research directions, in: Journal of World Business 49 (2/2014). S. 173-179

Bassi, Laurie/McKurrer, Daniel (2007): Die klügere Personalarbeit, in: Harvard Business Manager (9/2007), S. 35-46

Beatty, Richard W./Huselid, Mark A./Schneier, Craig Eric (2003): Scoring on the Business Scorecard, in: Organizational Dynamics 32 (2/2003), S. 107-121

Becker, Manfred (2008): Messung und Bewertung von Humanressourcen: Konzepte und Instrumente für die betriebliche Praxis, Stuttgart 2008

Bednarczuk, Piotr/Wendenburg, Nadja (2008). Etappe 5: Talentmanagement, in: Meifert Matthias T. (Hrsg.): Strategische Personalentwicklung: Ein Programm in acht Etappen, Berlin/Heidelberg 2008

Bethke-Langenegger, Pamela/Mahler, Philippe/Staffelbach, Bruno (2011): Effectiveness of talent management strategies, in: European J. International Management 5 (5/2011), S. 524-539

Boston Consulting Group (2012): Creating People Advantage 2012, Boston 2012

Boudreau, John W./Ramstad, Peter M. (2005): Talentship, Talent Segmentation, and sustainability: A new HR Decision Science Paradigm for a new Strategy definition, in: Human Resource Management 44 (2/2005), S. 129-136

Chhabra, Neeti Leekha/Mishra, Aparna (2008): Talent Management and Employer Branding: Retention Battle Strategies, in: Journal of Management Research 7 (11/2008), S. 50-61

Church, Allan H./Rotolo, Christopher T./Ginther, Nicole M./Levine, Rebecca (2015): How are top companies designing and managing their high-potential programs? A follow-up talent management benchmark study, in: Consulting Psychology Journal: Practice and Research 67 (1/2015), S. 17-47

Collings, David G. (2014): Toward mature Talent Management: Beyond Shareholder Value, in: Human Resource Development Quartely 25 (3/2014), S. 301-319

Collings, David G./Scullion, Hugh/Vaimann, Vlad (2015): Talent management: Progress and prospects, in: Human Resource Management Review 25 (3/2015), S. 233-235

Creelman, David (2015): HR in the Middle (Hot) Seat: Implementing the right Talent Management System, in: Workforce Solutions Review 6 (5/2015), S. 15-18

Dai, Guangrong/De Meuse, Kenneth P./Tang, King Yii (2013): The Role of learning agility in executive career success: The results of two field Studies, in: Journal of Managerial Issues 25 (2/2013), S. 108-131

Deters, Jürgen (2012): Integratives Talentmanagement: Entwicklung, Umsetzung und nachhaltige Gestaltung, Lehrforschungsprojekt, Leuphana Universität Lüneburg, 2012

Deutsche Gesellschaft für Personalführung e.V. - DGFP (Hrsg.) (2008): Talent Management: Trend oder Chimäre?, Werkstattbericht des Round Table am 29. April 2008, 2008

Douthitt, Shane/Mondore, Scott (2014): Creating a Business-Focused HR Function with Analytics and Integrated Talent Management, in: People & Strategy 36 (4/2014), S. 16-21

Duden (2016): Talent, http://www.duden.de/rechtschreibung/Talent, 10.01.2016

Ewerlin, Denise (2013): Talentmanagement im nationalen und internationalen Kontext: Empirische Analyse vor dem Hintergrund des Situativen Ansatzes, Dissertation, Heinrich-Heine-Universität 2013

Goswami, Anju (2014): Talent Management Decision Making, in: International Journal of innovative Research & Studies 3 (6/2014), S. 357-387

Guthridge, Matthew/Komm, Asmus B./Lawson, Emily (2008): Making Talent a Strategic Priority, in: McKinsey Quartely 44 (1/2008), S. 48-58

Hodges DeTunq, Toni/Schmidt, Lynn (2013): Integrated Talent Management Scorecards: Insights from world-class organizations on demonstrating value, Alexandria 2013

Iles, Paul/Chuai, Xin/Preece, David (2010): Talent management in HRM in multinational companies in Bejing: definitions, differences and drivers, in: Journal of World Business 45 (2/2010), S. 179-189

Institute for Corporate Productivity - I4cp (2015): The rise of adaptive analytics, Report, 2015

Jossé, Germann (2005): Balanced Scorecard: Ziele und Strategien messbar umsetzen, München 2005

Kahl, Martina (2011): Modernes Talent-Management: Wegweiser zum Aufbau eines Talent-Management-Systems, Hamburg 2011

Kaplan, Robert S./Norton, David P. (1997): Balanced Scorecard: Strategien erfolgreich umsetzen, Stuttgart 1997

Kienbaum (2016): Absolventenstudie 2014/2015, Ergebnisbericht, 2015

Korn Ferry Institute (2016): Real World Leadership: Part three – Create an engaging culture for greater impact, Report, 2016

Krings, Thorsten (2014): Noch Verbesserungsbedarf, in: Personalwirtschaft (3/2014): S. 45-47

Lewis, Robert E./Heckman, Robert J. (2006): Talent management: A critical review, in: Human Resource Management Review 16 (2/2006), S. 139-154

Phillips, Deborah R. (2014): Anchoring Talent Management to Business Performance, in: Journal of property Management 79 (3/2014), S. 16-20

Pick, Stephen/Uhles, Neville (2014): Use a competency library to build a Talent Management System, in: The public Manager 41 (3/2012), S. 29-34

Lux, Jay (2013): Talent Management: It goes way beyond recruiting, in: Rural Cooperatives 80 (6/2013), S. 18-38

Ritz, Adrian/Sinelli, Peter (2010): Talent Management: Überblick und konzeptionelle Grundlagen, in: Ritz, Adrian/Thom, Norbert (Hrsg.): Talent Management, Wiesbaden 2010, S. 3-24

Russell, Chuck/Bennett, Nathan (2015): Big data and talent management: Using hard data to make the soft stuff easy, in: Business Horizons 58 (3/2015), S. 237-242

Schiemann, William A. (2014): From talent management to talent optimization, in: Journal of World Business 49 (2/2014), S. 281-288

Schrehardt, Nicole (2012): Talentmanagement strategisch angehen, in: Wirtschaft und Weiterbildung 05 (o.H./2012), S. 24-25

Scullion, Hugh/Collings, David G. (2011): Global talent management: introduction, in: Scullion, Hugh/Collings, David G. (Hrsg.): Global Talent Management, New York 2011, S. 3-16

Sparrow, Paul R./Makram, Heba (2015): What is the value of talent management? Building value-driven processes within a talent management architecture, in: Human Resource Management Review 25 (o.H./2015), S. 249-263

Steinweg, S. (2009): Systematisches Talent Management: Kompetenzen strategische einsetzen, Stuttgart 2009

Strohmeier, Stefan (2016): Wie das Internet der Dinge die Personalarbeit verändert, in: Personalwirtschaft (04/2016), S. 22-27

Tarique, Ibraiz/Schuler, Randall S. (2010): Global Talent Management: Literatur review, integrative framework, and suggestion for further research, in: Journal of World Business 45 (2/2010), S. 122-133

Thunnissen, Marian/Boselie, Paul/Fruytier, Ben (2013): A review of talent management: ´infancy or adolscene?´, in: International Journal of Human Resource Management 24 (9/2013), S. 1744-1761

Walker, Garrett/MacDonald, Randall J. (2001): Designing and implementing an HR Scorecard, in: Human Resource Management 40 (4/2001), S. 365-377

Winkler, Jan (2009): Talent Management: einem Führungskräftemangel bei einem Finanzdienstleistungsunternehmen mit gerichteten Personalmanagementprozessen vorbeugen, Diplomarbeit, Hamburg 2009